13

cosas

que las

personas

mentalmente

fuertes

no hacen

13

cosas

que las

personas

mentalmente

fuertes

no hacen

RECUPERA
TU PODER,
ACEPTA
EL CAMBIO,
ENFRENTA
TUS MIEDOS
Y ENTRENA
TU CEREBRO
PARA LA
FELICIDAD
Y EL ÉXITO

AMY
MORIN

AGUILAR

13 cosas que las personas mentalmente fuertes no hacen

Título original: *13 Things Mentally Strong People Don't Do*

Publicado por acuerdo con HarperCollins Publishers,
New York, NY.

Primera edición: mayo de 2016

D. R. © 2015, Amy Morin

D. R. © 2016, derechos de edición mundiales en lengua castellana:
Penguin Random House Grupo Editorial, S.A. de C.V.
Blvd. Miguel de Cervantes Saavedra núm. 301, 1er piso,
colonia Granada, delegación Miguel Hidalgo, C.P. 11520,
México, D.F.
www.megustaleer.com.mx

D. R. © 2015, Elena Preciado, por la traducción
D. R. © Emin Mancheril, por el diseño de cubierta
D. R. © Daniel Guerin, por la fotografía de la autora

*Para todos los que se esfuerzan por
ser mejores cada día*

ÍNDICE

INTRODUCCIÓN

Cuando tenía 23 años, mi madre murió repentinamente por un aneurisma en el cerebro. Fue una mujer saludable, trabajadora y vibrante que amó la vida hasta el último momento. De hecho, la vi la noche anterior a su muerte. Fuimos a un partido de basquetbol. Mi madre reía, platicaba y disfrutaba la vida como siempre. Pero sólo veinticuatro horas después se había ido. Perderla me afectó de manera muy profunda. No imaginaba continuar el resto de mi vida sin sus consejos, sin su risa… sin su amor.

En esa época, trabajaba como terapeuta en un centro de salud mental. Me tomé unas semanas de descanso para lidiar con mi dolor. Sabía que no ayudaría a los demás de manera efectiva si no podía lidiar bien con mis propios sentimientos. Acostumbrarme a una vida que no incluía a mi madre era un proceso. No fue fácil, pero trabajé duro para recuperarme. Gracias a mi entrenamiento como terapeuta sabía que el tiempo no cura las cosas; lo que realmente determina la velocidad para sanar es la manera en que lidiamos con ese tiempo. Entendí que el duelo era el proceso necesario que aliviaría mi dolor (con el tiempo). Por eso me permití sentir tristeza y enojo, y aceptar por completo lo que perdí en verdad cuando murió mi madre. No sólo la extrañaba, también me di cuenta de que nunca volvería a estar aquí en los eventos importantes de mi vida y que ya no viviría las cosas que deseaba (como su retiro y ser abuela). Con amigos, familia y mi fe en Dios, encontré un sentido de paz... Y así como la vida sigue, fui capaz de recordar a mi madre con una sonrisa en vez de tristeza.

Tiempo después, justo el fin de semana en el que se cumplían tres años de su muerte, mi esposo Lincoln y yo comentábamos cuál sería la mejor forma de honrar su memoria. Unos amigos nos invitaron a un partido de basquetbol el sábado en la noche. Por coincidencia era en el mismo auditorio donde vi a mi madre por última vez. Lincoln y yo platicábamos sobre lo que sería regresar a ese lugar, justo al espacio donde la vi una noche antes de morir.

Decidimos que sería una forma maravillosa de celebrar su vida. Después de todo, mis recuerdos de esa noche eran muy buenos. Reímos, platicamos de muchas cosas y pasamos una tarde muy agradable. De hecho, aquel día mi madre dijo que mi hermana se casaría con su novio, y años después se cumplió su predicción.

Así que Lincoln y yo fuimos al auditorio y disfrutamos el tiempo con nuestros amigos. Sabíamos que eso era lo que mi madre hubiera querido. Se sintió bien regresar a ese lugar, estar ahí. Pero justo cuando suspiré de alivio por el progreso que sentía al enfrentar su muerte, mi vida entera volvió a ponerse de cabeza.

Cuando regresamos a casa, después del partido de basquetbol, Lincoln se quejó de un dolor de espalda. Años antes se había fracturado algunas vértebras en un accidente automovilístico, por lo que el dolor de espalda era algo habitual. Pero unos minutos después se desmayó. Llamé a los paramédicos y lo llevaron al hospital. Le hablé a su madre. Llegó su familia y nos reunimos en la sala de emergencias. No tenía idea de lo que estaba pasando.

Después de algunos minutos nos pasaron a una sala privada. Antes de que el doctor emitiera una sola palabra, yo sabía lo que nos iba a decir. Lincoln había muerto. Le dio un infarto.

Me convertí en viuda el mismo fin de semana que mi madre cumplía tres años de muerta. No tenía sentido. Lincoln sólo tenía veintiséis años y ningún antecedente de problemas cardíacos. ¿Cómo podía estar bien un minuto y morir al siguiente? Apenas estaba ajustándome a una vida sin mi madre y ahora debía aprender a enfrentar una existencia sin Lincoln. No concebía cómo podría superar eso.

Lidiar con la muerte de tu cónyuge es una experiencia surreal. Debes decidir cosas en momentos en los que tu cerebro está en otra parte. En cuestión de horas, tuve que accionar y escoger desde los arreglos del funeral hasta la redacción del obituario. No había tiempo para entender la realidad de la situación. Era abrumadora por completo.

Tuve la fortuna de contar con mucha gente que me apoyó. El viaje a través del dolor y del duelo es un proceso individual, pero la familia y los amigos amorosos ayudan mucho. Había instantes en que las cosas parecían más fáciles y momentos en los que todo estaba peor. Justo cuando pensaba que iba mejorando, daba la vuelta en una esquina y encontraba una tristeza aplastante esperándome. El duelo es un proceso exhaustivo a nivel emocional, mental y físico.

Había tantas cosas para sentirme deprimida. Estaba triste por la familia de mi esposo, por saber cuánto lo amaban. Me dolía pensar en todas las cosas que Lincoln nunca experimentaría. Y me entristecía por todo lo que no haríamos juntos, sin mencionar cuánto lo extrañaba.

Me tomé el mayor descanso posible de los asuntos laborales. La mayoría de aquellos meses son una mancha borrosa en mis recuerdos porque sólo me concentraba en poner un pie frente al otro cada día. Pero no podía dejar de trabajar para siempre. Sólo tenía un ingreso y debía volver al consultorio.

Un par de meses después, mi supervisor llamó para preguntar cuándo planeaba regresar al trabajo. A mis pacientes les dijeron que me había ausentado de forma indefinida por una emergencia familiar. No les dieron ningún margen de tiempo porque no sabían qué iba a pasar. Pero ahora querían una respuesta. Era cierto que no había terminado el duelo y que no me sentía "mejor", pero necesitaba regresar a trabajar.

Justo cuando perdí a mi madre, me di tiempo para experimentar el dolor de frente. No lo ignoré ni lo hice a un lado. Lo sentí mientras me ayudaba a sanar de forma proactiva. No podía permitir el quedarme estancada en emociones negativas. Aunque habría sido fácil compadecerme y afligirme con mis recuerdos, sabía que no sería saludable. Tuve que hacer una elección consciente y empezar un largo camino para construir una nueva vida para mí.

Necesitaba decidir si algunas de las metas que compartíamos Lincoln y yo todavía eran mis metas. Habíamos sido padres adoptivos por un tiempo y planeábamos adoptar a un niño. Pero, ¿todavía quería adoptar a un niño como madre soltera? Los siguientes años seguí siendo voluntaria y ofreciendo un lugar (sobre todo para emergencias y descanso), pero no estaba segura de querer adoptar a un niño sin Lincoln.

También tuve que crear nuevas metas para mí ahora que estaba sola. Decidí aventurarme e intentar cosas nuevas. Me compré una motocicleta y saqué la licencia de manejo. También empecé a escribir. Al principio era como un *hobby*, pero con el tiempo se convirtió en un trabajo de medio tiempo. Entablé nuevas relaciones con otras personas, descubrí cuáles de los amigos de Lincoln seguían siendo mis amigos y cómo sería mi relación con su familia sin él. Por fortuna para mí, muchos de sus amigos más cercanos mantuvieron su amistad conmigo. Y su familia siguió tratándome como parte de ella.

Más o menos cuatro años después, tuve la fortuna de encontrar el amor otra vez. O tal vez debería de decir que el amor me encontró. Estaba acostumbrada a vivir sola. Pero todo cambió cuando empecé a salir con Steve. Ya nos conocíamos de años y poco a poco nuestra amistad se convirtió en una relación. Con el tiempo empezamos a platicar de un futuro juntos. Aunque pensaba que nunca me casaría otra vez, con Steve parecía una decisión correcta.

No quería una boda formal o una recepción que se pareciera a la ceremonia que había tenido con Lincoln. Aunque sabía que mis invitados estarían felices de ver que me casaba otra vez, también sabía que evocarían algunas tristezas al recordar a Lincoln. No quería que el día de mi boda fuera una fecha sombría, así que decidimos tener una boda fuera de lo común. Nos fugamos para casarnos en Las Vegas, fue un momento muy feliz, sólo centrado en nuestro amor y felicidad.

Después de un año de casados decidimos vender la casa en la que vivimos Lincoln y yo. Nos mudamos un poco más lejos, a unas horas. Queríamos estar más cerca de mi hermana y mis sobrinas y nos daba la oportunidad de tener un nuevo inicio. Conseguí un trabajo en un consultorio y esperábamos disfrutar nuestro futuro juntos. Justo cuando la vida parecía ser maravillosa, nuestro camino a la felicidad tuvo otro giro extraño: al padre de Steve le diagnosticaron cáncer.

Al inicio, los doctores predijeron que su tratamiento ayudaría a mantener el cáncer a raya durante varios años. Pero después de unos meses, estaba claro que no sobreviviría un año, y mucho menos varios. Consultaron otras opiniones, pero nada ayudó. Conforme pasó el tiempo, los doctores se sorprendían porque no respondía al tratamiento. Después de siete meses se agotaron las opciones de tratamientos.

Las noticias me golpearon como ladrillos. Rob estaba lleno de vida. Era el tipo de persona que siempre sacaba una moneda detrás de la oreja de un niño y contaba las historias más chistosas del mundo. Aunque vivía en Minnesota y nosotros en Maine, lo veíamos seguido. Desde su retiro, tenía la disponibilidad de visitarnos durante varias semanas y siempre bromeaba con él diciéndole que era mi invitado favorito, porque era nuestro único invitado.

Él fue uno de mis mayores fans cuando empecé a escribir. Leía todo lo que yo hacía, no importaba si era un artículo de educación infantil o de psicología. Muchas veces me llamó con ideas para historias y sugerencias.

Aunque Rob tenía setenta y dos años, parecía demasiado joven para estar tan enfermo. El verano anterior atravesó el país en su motocicleta, navegó en el Lago Superior y viajó por el campo con la capota de su convertible abajo. Pero ahora estaba muy mal y los doctores eran claros: sólo empeoraría.

Esta vez tuve una experiencia diferente al enfrentar la muerte. La de mi madre y la de Lincoln fueron inesperadas y repentinas por completo. Pero ahora estaba advertida. Sabía que venía y me llenó de temor.

Me descubrí pensando: *Aquí vamos de nuevo*. No quería atravesar otra vez una pérdida que afecta en todos los aspectos. No parecía lógico. Conozco mucha gente de mi edad que no ha perdido a nadie, entonces, ¿por qué tenía que sufrir la muerte de tantos seres queridos? Me senté y pensé sobre lo injusto de la situación, lo difícil que iba a ser y cuánto me gustaría que las cosas fueran diferentes.

Además, sabía que no debía abandonar el camino. Después de todo, ya había pasado por esto y estaría bien otra vez. Caí en la trampa de pensar que mi situación era peor que la de cualquier otra persona. Si me convencía de no poder manejar otra pérdida, no me ayudaría. Más bien, sólo evitaría enfrentar la realidad de mi situación.

En ese momento, sentada y pensando en todo lo anterior, escribí mi lista de "13 cosas que las personas mentalmente fuertes no hacen". Eran los hábitos contra los que había luchado tan duro para salir del otro lado de mi dolor. Eran las cosas que evitaban que me sintiera mejor, siempre y cuando las dejara atraparme.

No es de sorprender que fueran las mismas habilidades que les había dado a los pacientes que iban a terapia. Pero necesitaba escribirlas para ayudarme a mantenerme en el camino. Era un recordatorio de que podía decidir ser mentalmente fuerte. Y necesitaba ser así porque pocas semanas después de escribir esta lista Rob murió.

Sabemos que los psicoterapeutas ayudan a otros a construir sus fortalezas, dándoles consejos de cómo actuar y mejorar. Pero cuando creé mi lista de fortalezas mentales, decidí apartarme un poco de lo que había sido mi segunda naturaleza. Y concentrarme en qué *no* hacer marcó una enorme diferencia. Los buenos hábitos son importantes, pero muchas veces nuestros malos hábitos evitan que alcancemos todo nuestro potencial. Puedes tener todos los buenos hábitos del mundo, pero si sigues repitiendo los malos al mismo tiempo que los buenos, te costará más trabajo lograr tus objetivos. Piénsalo así: eres tan bueno como tus peores hábitos.

Los hábitos malos son como un lastre muy pesado que arrastras durante el día. Poco a poco te van hundiendo, te agotan y te frustran. A pesar de todo tu trabajo y talento, cuando tienes pensamientos, comportamientos y sentimientos que te reprimen, te costará mucho trabajo alcanzar todo tu potencial.

Imagina un hombre que decide ir diario al gimnasio. Trabaja duro casi dos horas. Mantiene un registro cuidadoso de los ejercicios que hace para poder medir su progreso. Después de seis meses, no nota mucho cambio. Se frustra porque no pierde peso ni gana músculo. Les dice a sus amigos y familia que no entiende por qué no se ve ni se siente mejor. Después de todo, casi nunca falta a sus entrenamientos. Lo que deja fuera de la ecuación es el hecho de que todos los días se da un premio camino a casa. Después de todo el ejercicio, tiene hambre y piensa: "Trabajé mucho. ¡Me merezco un premio!" Así que diario, saliendo del gimnasio, pasa por una docena de donas y se las come.

¿Suena ridículo no? Pero todos somos culpables de este tipo de comportamientos. Trabajamos mucho por las cosas que pensamos que nos harán mejor, pero olvidamos concentrarnos en lo que puede sabotear nuestros esfuerzos.

Evitar estos 13 hábitos no sólo te auxiliarán con un duelo. Deshacerte de ellos te ayudará a desarrollar tu fortaleza mental, lo cual es necesario para lidiar con todos los problemas de la vida (grandes o pequeños). No importa cuáles sean tus objetivos, cuando te sientes mentalmente fuerte estás mejor preparado para alcanzar todo tu potencial.

¿QUÉ ES LA FORTALEZA MENTAL?

No es que haya personas fuertes o débiles mentalmente. Todos tenemos algún grado de fortaleza mental, pero siempre se puede mejorar. Para desarrollarla hay que perfeccionar la habilidad para regular tus emociones, administrar tus pensamientos y comportarte de manera positiva (a pesar de las circunstancias).

Así como hay personas más predispuestas a desarrollar la fortaleza física que otras, la fortaleza mental parece surgir de forma natural en algunos individuos. Hay muchos factores que determinan la facilidad que tienes para desarrollar tu fortaleza mental:

- **Genética:** Los genes juegan un rol en si eres o no propenso a problemas de fortaleza mental, como los trastornos del estado de ánimo.

- **Personalidad:** Algunas personas tienen rasgos de personalidad que por naturaleza les ayudan a pensar de manera más realista y a comportarse de forma más positiva.

- **Experiencias:** Tus experiencias de vida influyen en cómo te percibes, cómo ves a los demás y al mundo en general.

Obvio, no es posible cambiar algunos de estos factores. No hay forma de borrar tu infancia. No puedes ayudar si por genética estás predispuesto a un TDAH (Trastorno de Déficit de Atención e Hiperactividad). Pero eso no significa que no puedas aumentar tu fortaleza mental. Todos tenemos el poder de incrementarla si le dedicamos tiempo y energía a los ejercicios de autosuperación que te ofrezco en este libro.

LAS BASES DE LA FORTALEZA MENTAL

Imagina a un hombre que se siente nervioso en situaciones sociales. Para minimizar su ansiedad, evita empezar conversaciones con sus compañeros de trabajo. Entre menos platica con sus compañeros, menos le hablan. Cuando entra en la sala de descanso o pasa por el corredor y nadie le dirige la palabra, piensa: "Debo ser socialmente incómodo." Entre más lo reflexiona, más nervioso se siente para platicar. Como su ansiedad aumenta, su deseo de evitar a los compañeros también. Esto genera un círculo vicioso perpetuo.

Para entender la fortaleza mental, tienes que aprender cómo tus pensamientos, comportamientos y sentimientos están interconectados, muchas veces, trabajando juntos para crear una espiral descendente como en el ejemplo anterior. Por eso desarrollar la fortaleza mental requiere un acercamiento triple:

- **Pensamientos:** Identificar los pensamientos irracionales y reemplazarlos con unos más realistas.
- **Comportamientos:** Comportarte de manera positiva a pesar de las circunstancias.
- **Emociones:** Controlar tus emociones y no que ellas te controlen a ti.

Todo el tiempo escuchamos: "Piensa positivo". Pero el optimismo por sí solo no es suficiente para alcanzar todo tu potencial.

COMPÓRTATE BASADO EN EMOCIONES BALANCEADAS Y PENSAMIENTOS RACIONALES

Me aterran las serpientes. Sí, mi miedo es irracional por completo. Vivo en Maine. No existe ninguna víbora venenosa en estado salvaje. No veo serpientes muy seguido, pero cuando lo hago, se me hace un nudo en la garganta, el corazón se me aloca y quiero correr tan rápido como pueda en la dirección opuesta. Por lo general, antes de escapar, soy capaz de balancear mi verdadero pánico con los pensamientos racionales que me recuerdan que no hay razón lógica para sentir miedo. Ya que esos pensamientos empiezan a hacer efecto, puedo caminar (lejos de ella). Todavía no puedo recogerla o adoptarla, pero soy capaz de superarla sin dejar que mi miedo irracional interfiera con mi día.

Cuando balanceamos nuestras emociones con el pensamiento racional, tomamos las mejores decisiones en la vida. Detente y piensa un minuto sobre cómo te comportas cuando estás muy enojado. Es probable que digas y hagas cosas de las que después te arrepientes porque basas tus acciones en las emociones y no en la lógica. Pero tomar decisiones basadas sólo en el pensamiento racional tampoco te hace tomar buenas decisiones. Somos seres humanos, no robots. Nuestros corazones y cabezas necesitan trabajar juntos para controlar nuestros cuerpos.

Muchos de mis pacientes cuestionan su habilidad para controlar sus pensamientos, emociones y comportamiento. Dicen cosas como: "No puedo cambiar la manera en que siento", "no puedo controlar los pensamientos negativos que corren por mi cabeza" o "no puedo mantenerme motivado para lograr lo que quiero." Pero al incrementar la fortaleza mental… todo es posible.

LA VERDAD SOBRE
LA FORTALEZA MENTAL

Hay mucha desinformación y confusión sobre el significado de fortaleza mental. He aquí algunas verdades sobre ella:

- *Ser mentalmente fuerte no significa actuar firme.* No tienes que convertirte en un robot o en una persona rígida. Más bien se trata de actuar de acuerdo con tus valores.

- *La fortaleza mental no requiere que ignores tus emociones.* Incrementar tu fortaleza mental no implica suprimir tus emociones, sino desarrollar un profundo conocimiento de ellas. Se trata de interpretar y entender cómo influyen tus emociones en tus pensamientos y comportamientos.

- *Para tener fortaleza mental no debes tratar a tu cuerpo como una máquina.* La fortaleza mental no se trata de empujar tu cuerpo a sus límites físicos sólo para probar que puedes ignorar el dolor. Se trata de entender bien tus pensamientos y emociones para que puedas determinar cuándo comportarte contrario a ellos y cuándo escucharlos.

- *Ser mentalmente fuerte no significa que tengas que ser autosuficiente por completo.* La fortaleza mental no se trata de proclamar que nunca necesitas ayuda de ningún tipo de poder más alto. Admitir que no tienes todas las respuestas, pedir ayuda cuando la necesitas y reconocer que puedes obtener fortaleza mental de un poder mayor, son signos de que quieres ser más fuerte.

- *Ser mentalmente fuerte no es pensar positivo.* Sólo pensar positivo puede ser tan perjudicial como tener demasiados pensamientos negativos. La fortaleza mental se trata de pensar de forma realista y racional.

- *Desarrollar la fortaleza mental no es buscar la felicidad.* Ser mentalmente fuerte te ayudará a estar más contento con la vida, pero no se trata de despertar cada día y obligarte a ser feliz. Más bien, de tomar las decisiones que te ayudarán a alcanzar todo tu potencial.

- *La fortaleza mental no es la última tendencia de la psicología.* Así como el mundo del *fitness* está plagado de dietas de moda y tendencias de buena forma física, muchas veces el mundo de la psicología se llena de ideas fugaces sobre cómo convertirte en una mejor persona. La fortaleza mental no es una tendencia. Desde 1960 la psicología ayuda a las personas a que aprendan cómo cambiar sus pensamientos, sentimientos y comportamientos.

- *La fortaleza mental no es sinónimo de salud mental.* Aunque la industria del cuidado de la salud muchas veces habla en términos de salud mental *versus* enfermedad mental, la fortaleza mental es diferente. Así como las personas pueden ser fuertes de manera física aunque padezcan una enfermedad (por ejemplo, diabetes), de igual manera puedes ser mentalmente fuerte aunque tengas ansiedad, depresión o algún otro problema de ese tipo. Tener una enfermedad mental no significa que estés destinado a tener malos hábitos. Mejor, desarrolla unos saludables. Tal vez requiera más trabajo, mayor concentración y mucho esfuerzo, pero es posible.

LOS BENEFICIOS DE LA FORTALEZA MENTAL

Es fácil sentirte mentalmente fuerte cuando la vida va bien, pero de repente surgen problemas. A veces, es inevitable la pérdida de un empleo, un desastre natural, la enfermedad de un familiar o la muerte de un ser querido. Si eres mentalmente fuerte, estarás más preparado para lidiar con los retos de la vida. Algunos de los beneficios al incrementar tu fortaleza mental son:

- **Aumenta tu resistencia al estrés:** La fortaleza mental es útil en la vida cotidiana, no sólo en medio de una crisis.

Estarás mejor equipado para manejar los problemas de manera más eficiente y efectiva, y puede reducir tus niveles de estrés en general.

- **Mejora tu satisfacción con la vida:** Al aumentar tu fortaleza mental, también sube tu confianza y seguridad. Actúas de acuerdo con tus valores, lo que te da paz mental, y te ayuda a reconocer qué es importante en tu vida.

- **Mejora tu desempeño:** No importa si tu objetivo es ser un mejor padre, incrementar tu productividad en la oficina o entrenar mejor, aumentar tu fortaleza mental te ayudará a alcanzar todo tu potencial.

¿CÓMO DESARROLLAR LA FORTALEZA MENTAL?

Nunca te convertirás en un experto sólo con leer un libro. Los atletas no se vuelven competidores de élite después de estudiar sobre su deporte favorito. Tampoco los músicos incrementan sus habilidades sólo viendo tocar a otros músicos. Todos tenemos que practicar.

Los siguientes trece capítulos no son una lista para palomear lo que haces y lo que no. Son una descripción de los hábitos que nos atrapan de vez en cuando. Se trata de encontrar las mejores maneras de superar los retos de la vida para que puedas evitar estos obstáculos. Hablo de crecer, mejorar y esforzarte para ser un poco mejor de lo que fuiste ayer.

CAPÍTULO 1

NO PIERDEN EL TIEMPO AUTOCOMPADECIÉNDOSE

> **La autocompasión es el narcótico no farmacéutico más destructivo: es adictiva, da placer momentáneo y separa a la víctima de la realidad.**
> *JOHN GARDNER*

En las semanas siguientes al accidente de Jack, su madre no dejaba de hablar del "terrible incidente". Todos los días contaba la historia del camión escolar que golpeó a Jack y le fracturó las dos piernas. Se sentía culpable por no haber estado ahí para protegerlo. Verlo en una silla de ruedas durante varias semanas era más de lo que podía soportar.

Aunque los doctores le pronosticaron una recuperación completa, ella le advertía que tal vez sus piernas nunca sanarían por completo. Quería que estuviera consciente de que quizá no volvería a jugar futbol o correr por ahí con los otros niños (por si las dudas).

A pesar de que los doctores le permitieron regresar a la escuela, sus padres decidieron que la madre de Jack dejaría su trabajo y le daría clases en casa por el resto del año. Sentían que ver y escuchar autobuses escolares todo el día podría desencadenar demasiados recuerdos negativos. También quisieron evitarle el ver a sus amigos jugando en el recreo mientras él estaba en una silla de ruedas. Esperaban que al permanecer en casa sanaría más rápido, tanto física como emocionalmente.

Por lo general, Jack terminaba su estudio en las mañanas y pasaba las tardes viendo televisión y jugando videojuegos. Pasadas algunas semanas sus padres notaron que su humor empezó a cambiar. Su hijo, por lo general optimista y feliz, ahora se estaba volviendo irritable y triste. Los padres pensaron que tal vez el accidente lo había traumatizado más de lo que imaginaron. Buscaron terapia con la esperanza de ayudarlo a enfrentar sus cicatrices emocionales.

Lo llevaron con una terapeuta muy conocida por su experiencia en traumas infantiles. El pediatra de Jack le envió las referencias del caso. Por eso, cuando lo conoció ya sabía un poco sobre la experiencia que había vivido.

Cuando la madre de Jack lo condujo al consultorio, Jack se quedó mirando el piso muy callado. Su madre empezó a decir: "Hemos vivido momentos muy difíciles desde el accidente. En verdad arruinó nuestras vidas y causó muchos problemas emocionales a Jack. Simplemente no es el mismo niño de antes."

Para su sorpresa, la terapeuta no respondió con compasión. Más bien, dijo con entusiasmo: "¡Caray, deseaba conocerte Jack! ¡Nunca había visto a un niño que golpeara a un autobús escolar! Tienes que contarme, ¿cómo le hiciste para pelearte con un autobús y ganar?" Por primera vez desde el accidente... Jack sonrió.

En las siguientes semanas, Jack trabajó con su terapeuta haciendo su propio libro. Lo llamó Cómo golpear un autobús escolar. Creó una historia maravillosa sobre cómo logró golpear a un autobús y escapar con sólo algunos huesos rotos.

Adornó la historia con detalles que describían cómo agarró el mofle, se balanceó alrededor y protegió la mayoría de su cuerpo de ser golpeado por el autobús. A pesar de los detalles exagerados, la parte principal de la historia permaneció igual (sobrevivió porque es un niño fuerte). Jack concluyó su libro con un autorretrato. Se dibujó a sí mismo sentado en la silla de ruedas con una capa de súper héroe.

La terapeuta incluyó a los padres de Jack en el tratamiento. Les ayudó a ver lo afortunados que eran de que su hijo hubiera sobrevivido con unos cuantos huesos rotos. Los alentó a dejar de sentir pena por él. Les recomendó que lo trataran como un niño fuerte física y mentalmente, capaz de sobreponerse a grandes adversidades. Aun si sus piernas no sanaban bien, quería que se concentraran en lo que Jack todavía podía lograr, no en lo que las secuelas del accidente le impedían hacer.

La terapeuta y los padres de Jack trabajaron con la escuela para preparar su regreso. Además de acondicionar los lugares especiales que necesitaba porque estaba en una silla de ruedas, querían asegurarse de que los otros alumnos y maestros no sintieran lástima por él. Acordaron que compartiría su libro con sus compañeros para que les contara cómo había golpeado al autobús y demostrarles que no había ninguna razón para compadecerlo.

FIESTA DE AUTOCOMPASIÓN

Todos experimentamos dolor y tristeza en la vida. Y aunque la tristeza es una emoción normal y saludable, obsesionarte con tus penas y desgracias es autodestructivo. Veamos, ¿respondes de manera positiva a alguno de los siguientes puntos?

☐ Por lo general piensas que tus problemas son peores que los de los demás.

☐ Si no fuera por tu mala suerte, estás casi seguro de que no tendrías nada de nada.

☐ Puedes hacer un conteo de tus problemas más rápido que los demás.

☐ Estás casi seguro de que nadie entiende sinceramente lo difícil que es tu vida en realidad.

☐ A veces dejas o evitas las actividades recreativas y los compromisos sociales para quedarte en casa y pensar en tus problemas.

☐ Es más probable que le cuentes a la gente lo que va mal con tu día que lo que va bien.

☐ Muchas veces te quejas por las injusticias de la vida.

☐ Te cuesta trabajo encontrar algo para agradecer.

☐ Piensas que otras personas son bendecidas porque tienen vidas más fáciles.

☐ A veces te preguntas si el mundo la trae contra ti.

¿Te encontraste en alguno de estos ejemplos? La autocompasión te consume hasta que cambias tus pensamientos y comportamientos. Pero puedes decidir tomar el control. Incluso si no hay forma de alterar tus circunstancias, sí puedes modificar tu actitud.

¿POR QUÉ NOS AUTOCOMPADECEMOS?

Si la autocompasión es tan destructiva ¿por qué la sentimos? Y ¿por qué a veces es tan fácil y hasta confortable caer en una fiesta de autocompasión? Éste era el mecanismo de defensa de los padres de Jack para proteger a su hijo (y a ellos) de peligros futuros. Prefirieron concentrarse en lo que no podía hacer para protegerlo de otros problemas que podrían surgir.

Es comprensible, lo que más les preocupaba era su salud. No querían perderlo de vista. Y les inquietaba la reacción que podía tener si veía un autobús escolar otra vez. Sólo era cuestión de tiempo para que la compasión descargada en Jack se volviera autocompasión.

Es tan fácil caer en la trampa de la autocompasión. Al lamentarte puedes retrasar las circunstancias que te harían enfrentar tus verdaderos miedos y evitar tomar cualquier responsabilidad por tus acciones. Es como comprar tiempo. Al exagerar lo malo de tu situación justificas por qué no haces nada para mejorar (en vez de ponerte en acción, superarla y avanzar).

Muchas veces, la gente usa la autocompasión para llamar la atención. Jugar con la carta de "pobre de mí" genera palabras amables y dulces de los demás (por lo menos al principio). Para las personas que temen al rechazo, la autocompasión puede ser una forma indirecta de obtener ayuda al compartir una historia de ay-pobre-de-mí con la esperanza de atraer algo de ayuda.

Por desgracia, la miseria y la tristeza adoran la compañía. A veces la autocompasión se vuelve un concurso en el que gana el que haya sufrido más o experimentado más traumas. También otorga una razón para evitar la responsabilidad. Al decirle a tu jefe lo mal que te sientes, tal vez espere menos de ti.

Otras veces se convierte en un acto de defensa. Es casi como si asumiéramos que algo cambiará si insistimos y le recordamos al universo que merecemos algo mejor. Pero el mundo no funciona así. No hay un ser más grande (o un ser humano en este caso) que aparezca para asegurarse de que a todos nos tocó una mano justa en la repartición de las cartas del juego de la vida.

EL PROBLEMA DE AUTOCOMPADECERSE

Sentir pena por ti mismo es autodestructivo. Te lleva a nuevos problemas y puede tener consecuencias graves. Por ejemplo, en vez de que los padres de Jack agradecieran el que su hijo sobrevivió, se preocupaban de lo que el accidente les había quitado. Como resultado, permitieron que el accidente se llevara mucho más.

Eso no significa que no fueran unos padres amorosos. Su comportamiento surgía del deseo de mantener a salvo a su hijo. Pero entre más lo compadecían, más afectaban su humor de forma negativa.

Vivir una vida plena se complica cuando caes en la auto-compasión por las siguientes causas:

- *Es una pérdida de tiempo.* Sentir pena por ti mismo requiere mucha energía mental y no hace nada para cambiar la situación. Incluso si no puedes arreglar el problema, puedes tomar decisiones para enfrentar los obstáculos de la vida de forma positiva. El autocompadecerte no te acercará a ninguna solución.

- *Te lleva a más emociones negativas.* Si dejas que la autocompasión te atrape, encenderá una ráfaga de emociones negativas. Te genera enojo, resentimiento, soledad y otros sentimientos que alimentan más pensamientos negativos.

- *Se puede convertir en una profecía que, por su propia naturaleza, a veces se cumple.* Los sentimientos de autocompasión pueden guiarte a una vida patética. Cuando te das lástima, es poco probable que saques lo mejor de ti. Como resultado, puedes experimentar más problemas y fracasos, lo cual engendra más sentimientos de autocompasión.

- *Evita que enfrentes otras emociones.* La autocompasión estorba para lidiar con el duelo, el dolor, la tristeza, el enojo y otras emociones. Detiene tu progreso de curar y superarte porque te mantiene concentrado en pensar por qué las cosas deberían ser diferentes en vez de aceptar la situación por lo que es.

- *Provoca que ignores lo bueno de tu vida.* Si en tu día pasan cinco cosas buenas y una mala, la autocompasión provocará que sólo te concentres en la negativa. Cuando te lamentas, te pierdes los aspectos positivos de la vida.

- *Interfiere con las relaciones humanas.* Una mentalidad de víctima no es una característica atractiva. Es probable que al quejarte sobre lo malo de tu vida agotes la paciencia de los demás bastante rápido. Nadie dice: "Lo que me gusta de ella es que siempre se está quejando."

DEJA DE AUTOCOMPADECERTE

¿Recuerdas el acercamiento triple para desarrollar la fortaleza mental? Si quieres quitar los sentimientos de compasión, necesitas cambiar tu comportamiento patético y prohibirte pensamientos lamentables. Para Jack, esto significó que no podía pasar todo el tiempo en casa viendo la tele y jugando videojuegos. Necesitaba andar con otros niños de su edad y volver a las actividades que podía hacer, como ir a la escuela. Sus padres también cambiaron su manera de pensar y empezaron a verlo como un sobreviviente en vez de una víctima. Cuando transformaron el pensamiento sobre su hijo y el accidente, fueron capaces de cambiar la autocompasión por gratitud.

COMPÓRTATE DE MANERA QUE SEA DIFÍCIL SENTIR AUTOCOMPASIÓN

Cuatro meses después de que Lincoln murió, su familia y yo enfrentamos la fecha en que cumpliría veintisiete años. Durante semanas había temido ese día porque no tenía idea cómo pasaríamos el tiempo. En mi cabeza nos imaginaba sentados en un círculo compartiendo una caja de pañuelos y platicando lo injusta que era la vida.

Cuando por fin tuve el valor de preguntarle a mi suegra cómo planeaba pasar el día, me dijo con naturalidad: "¿Qué te parece si nos aventamos del paracaídas?" Lo mejor fue que hablaba en serio. Y tengo que admitirlo, saltar de un avión era una idea mil veces mejor que la patética reunión que imaginaba. Sentí que era la forma perfecta de honrar el espíritu aventurero de Lincoln. Disfrutaba mucho conocer gente, ir a lugares distintos y experimentar cosas nuevas. Para él, era normal salir de viaje espontáneo el fin de semana, aún si tenía que agarrar un vuelo de madrugada para regresar a casa e ir a trabajar tan pronto como se bajara del avión. Decía que valía la pena sentirse cansado en el trabajo por los recuerdos que había creado. Aventarse del paracaídas era algo que a Lincoln le habría encantado, así que parecía una forma apropiada de celebrar su vida.

Es imposible sentir pena de ti mismo cuando te avientas de un avión (a menos que no tengas paracaídas, claro). No sólo nos la pasamos súper bien, sino que se volvió nuestra tradición anual. Cada cumpleaños de Lincoln, escogemos celebrar su amor a la vida y a la aventura. Esto guía a experiencias interesantes, desde nadar con tiburones hasta montar mulas en el Gran Cañón. Incluso hemos tomado clases de trapecio (¡como los del circo!).

Cada año, toda la familia se involucra en la aventura del cumpleaños de Lincoln. Algunos años, su abuela nos veía y nos grababa, pero dos años después, a los 88 años fue la primera en formarse para aventarse sobre los árboles en una tirolesa. Aunque me volví a casar, es una tradición que ha seguido, y hasta mi esposo Steve participa con nosotros. De hecho, se convirtió en una fecha esperada por todos.

Nuestra decisión de pasar el día haciendo algo divertido no significa ignorar nuestro dolor u ocultar la tristeza tras una máscara. Se trata de tomar la decisión consciente de celebrar los regalos de la vida y no comportarse de manera patética. En lugar de lamentarnos por lo que perdimos, elegimos sentirnos agradecidos por lo que tenemos.

Si notas que la autocompasión se está metiendo poco a poco en tu vida, haz un esfuerzo consciente para accionar de manera contraria a cómo te sientes. No tienes que saltar de un avión para evitar los sentimientos de autocompasión. A veces, cambios pequeños de comportamiento pueden hacer una gran diferencia. He aquí algunos ejemplos:

- *Ayuda de manera voluntaria en una causa que valga la pena.* Ayudar a alguien aleja los problemas de tu mente y te hace sentir bien. Es difícil sentir pena por ti cuando sirves a personas hambrientas en un comedor comunitario o pasas tiempo con ancianos en un asilo.

- *Realiza un acto de amabilidad al azar.* Ya sea que cortes el pasto de tu vecino o dones comida para animales a un albergue, hacer una buena acción te ayuda a darle más significado a tu día.

- *Haz algo activo.* La actividad mental o física te ayudará a concentrarte en algo diferente a tu desgracia. Haz ejercicio, inscríbete en clases de algo, lee un libro o aprende un nuevo *hobby*. Cualquier cambio de comportamiento ayudará a transformar tu actitud.

La clave para cambiar tus sentimientos es descubrir cuáles comportamientos apagarán los sentimientos de autocompasión. A veces es un proceso de ensayo y error porque el mismo cambio de comportamiento no funciona igual para todo el mundo. Si lo que estás haciendo ahora no te funciona, intenta algo nuevo. Si nunca das el primer paso en la dirección correcta, siempre te quedarás estancado ahí donde estás.

SUSTITUYE LOS PENSAMIENTOS QUE FOMENTAN LA AUTOCOMPASIÓN

Una vez fui testigo de un pequeño accidente en el estacionamiento de un supermercado. Dos autos se estaban echando en reversa al mismo tiempo y sus defensas chocaron. El golpe sólo provocó un daño menor a cada vehículo.

Vi a uno de los conductores salir desesperado de su vehículo y decir: "Justo lo que me faltaba. ¿Por qué siempre me pasan estas cosas a mí? ¡Como si no tuviera suficientes problemas en el día!"

Mientras tanto, el otro conductor se bajó moviendo la cabeza. Con una voz muy calmada dijo: "Guau, qué buena suerte tenemos. Nadie salió herido. Qué buen día es cuando tienes un accidente y puedes salir caminando sin un rasguño."

Los dos hombres vivieron la misma experiencia. Pero su percepción fue diferente por completo. Uno se vio como víctima de una circunstancia horrible mientras el otro lo tomó como buena suerte. Su reacción mostró las diferencias en la apreciación.

Puedes ver los acontecimientos que pasan en tu vida de muchas formas diferentes. Si eliges observar las circunstancias de manera que digas "me merezco algo mejor", será más común que sientas lástima de ti mismo. Si decides encontrar el lado bueno, incluso en una situación negativa, tendrás alegría y felicidad mucho más seguido.

Casi todas las situaciones tienen un lado bueno. Pregunta a cualquier niño cuál es la mejor parte del divorcio de sus padres y la mayoría te contestará: "¡Me dan más regalos en Navidad!" Obvio, no hay muchas cosas buenas que surjan de un divorcio, pero obtener el doble de regalos es un aspecto pequeño que algunos niños disfrutan bastante.

Replantear la manera en que ves una situación no siempre es fácil, en especial cuando te sientes como el invitado de tu propia fiesta de compasión. Hazte las siguientes preguntas para cambiar tus pensamientos negativos en unos más realistas:

- ¿De qué otro modo puedo ver mi situación? Aquí es donde entra el pensamiento de "el vaso medio lleno o medio vacío." Si miras tu situación desde el ángulo medio-vacío, reflexiona cómo la vería alguien con una perspectiva positiva (vaso-medio-lleno).

- ¿Qué consejo le daría a un ser querido que tuviera el mismo problema? Muchas veces somos mejores para dar palabras de aliento a los demás que a nosotros mismos. No le dirías a alguien: "Tienes la peor vida del mundo. Nada te sale bien." Más bien le darías algunas palabras amables que le ayudaran como: "Ya descubrirás qué hacer y superarás esto. ¡Sé que lo harás!" Toma tus sabias palabras y aplícalas a tu circunstancia.

- ¿Qué evidencia tengo de que puedo superar esto? Muchas veces, sentir pena por nosotros surge de una falta de confianza en nuestra habilidad para manejar los problemas. Pensamos que nunca saldremos adelante de algo. Recuerda las veces que has solucionado una situación complicada y enfrentado las tragedias del pasado. Revisar tus habilidades, sistemas de apoyo y experiencias pasadas puede darte el impulso de confianza extra que te ayudará a dejar de compadecerte.

Entre más te permitas caer en pensamientos que obstinadamente te engañan sobre tu situación, peor te sentirás.

Los pensamientos comunes que te llevan a sentimientos de autocompasión incluyen:

- Ya no puedo con otro problema.

- A los demás siempre les pasan cosas buenas.

- Todo lo malo siempre me pasa a mí.

- Mi vida va de mal en peor.

- Nadie tiene que lidiar con esto.

- Los problemas no me dejan ni respirar.

Puedes elegir atrapar tus pensamientos negativos antes de que se salgan de control. Aunque reemplazarlos todos con unos más realistas implica práctica y mucho trabajo, es muy efectivo para reducir los sentimientos de autocompasión.

Si piensas "siempre me pasan cosas malas" haz una lista de cosas buenas que también te hayan pasado. Luego reemplaza tu pensamiento original con algo más realista como: "A veces me ocurren cosas malas, pero también me pasan muchas buenas." Esto no significa que debas convertir algo negativo en una afirmación positiva imaginaria. Más bien trata de encontrar una forma realista de ver tu situación.

CAMBIA LA AUTOCOMPASIÓN POR GRATITUD

Marla Runyan es una mujer muy talentosa. Tiene una maestría, está escribiendo un libro y compitió en los Juegos Olímpicos. Incluso fue la primera mujer en terminar el Maratón de Nueva York en 2002, con un tiempo asombroso de 2 horas 27 minutos. Lo que hace a Marla extraordinaria es que logró todas esas hazañas a pesar de ser ciega.

A los nueve años, le diagnosticaron la enfermedad de Stargardt, una degeneración macular que afecta a los niños. Aunque su visión se deterioró, Marla descubrió su amor por correr. Con los años, esta mujer demostró ser una de las corredoras más rápidas del mundo, pese a que nunca ha sido capaz de ver la línea de meta.

Al principio, Marla fue una atleta reconocida en los Paralímpicos. Compitió en 1992 y luego otra vez en 1996. No sólo ganó cinco medallas de oro y una de plata, también impuso varios récords mundiales. Pero Marla no paró ahí.

En 1999, entró a los Juegos Panamericanos y ganó en la carrera de los 1 500 metros. En el año 2000, se convirtió en la primera atleta ciega en competir en unos Juegos Olímpicos. Fue la primera americana en cruzar la línea de meta en la carrera de los 1 500 metros y se colocó en octavo lugar general.

Marla no percibe su ceguera como una incapacidad. De hecho, decide verla como un regalo que le permite convertirse en una mujer exitosa en carreras largas y cortas. Publicó un libro titulado *Sin línea de meta: La valiente autobiografía de la primera atleta ciega que compitió en los Juegos Olímpicos*. Al hablar de su ceguera en esta obra, escribe: "No sólo me forzó a probar mi competencia, sino también me impulsó a triunfar. Me ha dado regalos que uso todos los días, como la voluntad y el compromiso." Marla no se concentra en lo que su discapacidad le quitó, sino en agradecer lo que le dio.

Al sentir pena por ti piensas: "Me merezco algo mejor." La gratitud es pensar: "Tengo más de lo que merezco." Experimentar gratitud requiere un esfuerzo extra, pero no es complicado. Cualquiera puede aprender a ser más agradecido si desarrolla hábitos nuevos.

Comienza por reconocer la amabilidad y la generosidad de las otras personas. Afirma lo bueno del mundo y empezarás a apreciar lo que tienes.

No tienes que ser rico, súper exitoso o tener una vida perfecta para ser agradecido. Una persona que gana 500 mil pesos al año tal vez piense que no tiene mucho dinero, pero está entre el uno por ciento de las personas más ricas del planeta. Si lees este libro, significa que eres más afortunado que los mil millones de personas en el mundo que no saben leer, muchos de los cuales estarán atorados en una vida de pobreza.

Desea las cosas pequeñas de la vida que por lo general das por hecho y trabaja para incrementar tus sentimientos de gratitud. He aquí unos hábitos simples que ayudan a concentrarte en las cosas que debes agradecer:

- *Haz un diario de agradecimientos*. Cada día escribe por lo menos una cosa por la que te sientas agradecido. Puede incluir placeres muy simples como tener aire limpio que respirar o ver la luz del sol, o bendiciones más grandes como tu trabajo o tu familia.

- *Expresa por qué estás agradecido*. Si no eres de los que mantiene un diario, fórmate el hábito de expresar las razones por las que estás agradecido. Encuentra un regalo de la vida cada mañana cuando despiertes y cada noche cuando te vayas a dormir. Dilo en voz alta (incluso si es sólo para ti) porque escuchar las palabras aumentará tus sentimientos de gratitud.

- *Cuando sientas autocompasión cambia de canal*. Cuando notes que estás empezando a sentirte mal por ti mismo cambia tu atención. No sigas pensando que la vida no es justa o que debería ser diferente. Más bien, siéntate y haz una lista de la gente, las circunstancias y las experiencias de vida por las que estás agradecido. Si tienes un diario, léelo cuando empieces a sentir autocompasión.

- *Pregunta a los demás de qué están agradecidos*. Empieza conversaciones sobre gratitud y descubre lo que sienten los demás y las cosas por las que están agradecidas. Escuchar lo que otros agradecen puede recordarte más áreas de tu vida que merezcan gratitud.

- *Enseña a los niños a ser agradecidos*. Si eres padre de familia, enseñar a tus niños a ser agradecidos por lo que tienen es una de las mejores maneras de mantener su actitud bajo control. Fomenta el hábito diario de preguntarle a tus hijos por qué están agradecidos. Haz que todos en la familia lo escriban y colócalo en un frasco de gratitud o cuélgalo en un pizarrón de corcho. Esto le dará a tu familia un recordatorio divertido para incorporar la gratitud en sus vidas.

DEJAR LA AUTOCOMPASIÓN TE HARÁ MÁS FUERTE

Jeremiah Denton fue piloto en la Guerra de Vietnam. En 1965, los norvietnamitas derribaron su avión y lo capturaron como prisionero de guerra.

El comandante Denton y los otros oficiales siguieron al mando de sus compañeros prisioneros incluso cuando fueron golpeados, mal alimentados y torturados todos los días. Muchas veces pusieron al comandante Denton en confinamiento por alentar a los otros prisioneros a resistir los intentos norvietnamitas para sacarles información. Pero eso no detuvo al Comandante Denton. Creó estrategias para comunicarse con los otros prisioneros usando signos, golpeando las paredes y tosiendo en secuencia.

Diez meses después de su captura, fue seleccionado para participar en una entrevista televisada que se usó como propaganda. Mientras respondía unas preguntas, fingió que las luces de las cámaras le lastimaban los ojos y empezó a parpadear T-O-R-T-U-R-A en código Morse. Así, envió el mensaje secreto de que él y sus compañeros eran maltratados por sus captores de manera muy cruel.

Durante toda la entrevista, siguió expresando su apoyo al gobierno de Estados Unidos.

Lo liberaron en 1973, después de siete años de cautiverio. Cuando bajó del avión como un hombre libre, dijo: "Estamos honrados de tener la oportunidad de servir a nuestro país en circunstancias difíciles. Nos sentimos profundamente agradecidos con nuestro comandante en jefe y nuestra nación por este día. Dios bendiga América." Después de retirarse del ejército en 1997, fue elegido como senador de Alabama.

A pesar de estar en las peores circunstancias imaginables, Jeremiah Denton no perdió el tiempo autocompadeciéndose. Más bien, mantuvo su compostura y se concentró en hacer lo que podía para manejar la situación. Incluso cuando fue liberado, decidió sentirse agradecido de servir a su país, en vez de desgraciado por el tiempo que perdió.

Los investigadores han estudiado las diferencias que aparecen entre las personas que se concentran en sus cargas *versus* los que se concentran en las situaciones por las que están agradecidos. Sólo con que cada día reconozcas algunas cosas por las que te sientas agradecido, es una forma muy poderosa de crear un cambio. De hecho, la gratitud no sólo impacta en tu salud psicológica, también puede afectar tu salud física. Un estudio publicado en el *Journal of Personality and Social Psychology* de 2003 descubrió lo siguiente:

- *La gente agradecida no se enferma tan seguido como los demás.* Tienen un sistema inmune mejor y reportan menos dolores y malestares. Tienen la presión arterial más baja y hacen ejercicio con más regularidad que la población en general. Cuidan mejor su salud, duermen más y hasta reportan sentirse más frescos al despertar.

- *La gratitud lleva a más emociones positivas*. La gente que siente agradecimiento experimenta más alegría, dicha y placer todos los días. Incluso se sienten más despiertos y energéticos.

- *La gratitud mejora la vida social*. La gente agradecida está más dispuesta a perdonar. Se comportan más amigables y se sienten menos solos. También tienden a ayudar a los demás y a comportarse de manera generosa y compasiva.

CONSEJOS PARA SOLUCIONAR EL ERROR

Si permites que la autocompasión tome el control cuando estás lidiando con el estrés no solucionarás nada. Fíjate en las señales de alerta que te avisan cuándo te dejas caer en la autocompasión y, a la primera, cambia de manera proactiva tu actitud.

ES ÚTIL

- Hacer una revisión objetiva de lo que te está pasando para no exagerar lo malo de tu situación (y verla con realidad).

- Reemplazar todos los pensamientos negativos con unos más realistas.

- Resolver los problemas de forma activa y trabajar para mejorar tu situación.

- Activarte y comportarte de manera que sientas menos autocompasión (aunque sea fingido).

- Practica tu gratitud todos los días.

NO ES ÚTIL

- Permitirte la creencia de que tu vida es peor que la de todos los demás.

- Caer en pensamientos exagerados sobre lo difícil que es tu vida.

- Permanecer pasivo ante la situación y concentrarte sólo en lo que sientes, en vez de aquello que puedes hacer.

- Negarte a participar en experiencias y actividades que te ayudan a sentir mejor.

- Seguir concentrado en lo que no tienes en lugar de en lo que sí tienes.

CAPÍTULO 2

NO REGALAN SU PODER

> Cuando odiamos a nuestros enemigos, les damos poder sobre nosotros: sobre nuestros sueños, nuestros deseos, nuestra presion arterial, nuestra salud y nuestra felicidad.
>
> *DALE CARNEGIE*

Lauren estaba convencida de que su suegra autoritaria y meticbe arruinaría su matrimonio (y toda su vida). Aunque siempre había pensado que Jackie era una suegra molesta, hasta ahora que tenía dos hijas se volvió intolerable.

Por lo general, las visitaba casi todos los días de la semana sin avisar. Muchas veces se quedaba horas. Lauren sólo podía estar con sus hijas entre la hora en que llegaba del trabajo y la de dormir, así que las visitas de su suegra le parecían muy intrusivas.

Pero lo que más le molestaba era la manera en que Jackie siempre trataba de minimizar su autoridad con las niñas. Muchas veces decía cosas como: "¿Sabes? Un poco de tele no te hará daño. No sé por qué tu madre no te deja verla." O "Te traería un postre, pero tu mamá dice que el azúcar es mala para tu salud." A veces hasta sermoneaba a Lauren sobre "los padres del nuevo milenio." Le decía que, en su época, había dejado a sus hijos comer dulces y ver televisión, y estaban bien.

Lauren siempre respondía a los comentarios asintiendo con la cabeza de forma muy cortés y con una sonrisa, pero por dentro estaba furiosa. Crecía su resentimiento hacia Jackie y a veces se desquitaba con su esposo. Pero siempre que acusaba a su madre, él le decía cosas como: "Bueno, ya sabes cómo es" o "sólo ignora sus comentarios, son con buena intención." Lauren se sentía mejor quejándose con sus amigas y entre todas le pusieron el apodo de "monstruegra."

Pero una semana todo empeoró. Jackie le sugirió a Lauren que hiciera más ejercicio porque se veía que estaba ganando peso. Este comentario fue la gota que derramó el vaso. Salió hecha una furia de la casa y pasó la noche con su hermana. Al día siguiente, no se sentía lista para regresar. Temía escuchar un sermón de Jackie diciéndole que no debería irse así. Lauren sabía que había llegado al punto en el que necesitaba ayuda profesional o su matrimonio estaría en graves problemas.

Al principio, se sintió mejor al aprender técnicas para controlar el enojo, le ayudaban a responder con menos molestia a los comentarios de su suegra. Después de varias sesiones de terapia, descubrió que necesitaba ser más proactiva para prevenir los problemas y no sólo reaccionar menos a los comentarios de Jackie.

Le pedí a Lauren que hiciera un cuadro donde me mostraría cuánto tiempo y energía concentraba en diferentes aspectos de su vida (trabajo, descanso, familia y tiempo con su suegra). Luego le pedí completar otro cuadro explicando cuántas horas físicas pasaba haciendo cada actividad. Cuando los hizo, se sorprendió al ver cuánto de su tiempo y energía estaban desproporcionados. Aunque sólo pasaba alrededor de cinco horas físicas con su suegra a la semana, le estaba dedicando por lo menos otras cinco horas extras al pensar y hablar de su molestia por ella. Este ejercicio le ayudó a ver cuánto poder le estaba dando sobre diferentes áreas de su vida. Muchas veces, en vez de dedicar su energía a nutrir la relación con su esposo o cuidar a sus hijas, estaba pensando en cuánto le desagradaba Jackie.

Cuando Lauren reconoció cuánto poder le estaba dando a su suegra, decidió hacer algunos cambios. Habló con su esposo y establecieron límites saludables para su familia. Juntos pusieron reglas que ayudarían a limitar la influencia de Jackie. Le dijeron que ya no podría visitarlos tantas veces a la semana sin avisar. Más bien, la invitarían a cenar. Además ya no podría minimizar la autoridad de Lauren como madre, y si lo hacía, le pedirían que se fuera. Por otra parte, Lauren decidió dejar de quejarse. Reconoció que al hacerlo sólo alimentaba su frustración y era una pérdida de tiempo y energía.

Poco a poco Lauren empezó a sentir cómo iba recuperando su casa y su familia. Al darse cuenta de que no tenía que tolerar groserías o faltas de respeto en su casa, dejó de temer las visitas de Jackie. Más bien, podía controlar las cosas que pasaban bajo su propio techo.

DAR A LOS DEMÁS EL PODER PARA CONTROLARTE

Es imposible ser mentalmente fuerte si les das a otras personas el poder de controlar cómo piensas, sientes y te comportas. ¿Alguno de estos puntos te suena familiar?

☐ Te sientes muy ofendido por cualquier crítica o retroalimentación negativa que te hacen, no importa de quien venga.

☐ Las personas pueden hacerte sentir tan enojado que dices y haces cosas de las que luego te arrepientes.

☐ Cambias tus metas y objetivos basándote en lo que otros te dicen que deberías hacer con tu vida.

☐ Tu día depende de cómo se porten los demás contigo.

☐ Cuando alguien te chantajea de forma emocional para hacer algo, lo haces aunque no quieras.

☐ Trabajas mucho para asegurar que los demás te vean de manera positiva porque mucha de tu autoestima depende de cómo te perciben.

☐ Pasas mucho tiempo quejándote de la gente y de las circunstancias que no te gustan.

☐ A menudo te quejas de lo que "tienes que hacer" en la vida.

☐ Te esfuerzas mucho para evitar emociones desagradables como vergüenza o tristeza.

☐ Tienes problemas para establecer límites, pero luego te enojas con la gente que te quita el tiempo y la energía.

☐ Eres rencoroso. Guardas un gran resentimiento cuando alguien te ofende o te hiere.

¿Te encontraste en alguno de los ejemplos de arriba? Conservar tu poder se trata de tener confianza en quien eres y en las decisiones que tomas (a pesar de la gente que te rodea y las circunstancias en las que te encuentras).

¿POR QUÉ REGALAMOS NUESTRO PODER?

Es claro que Lauren quería ser una persona agradable, pensaba que ser una buena esposa significaba tolerar a su suegra a toda costa. Sintió que sería irrespetuoso pedirle que no viniera tanto y dudaba en decirle cuando hería sus sentimientos. La habían educado a "poner la otra mejilla" cuando alguien la trataba mal. Pero con ayuda fue capaz de entender que establecer límites saludables sobre lo que estaba permitido en su casa no significaba ser irrespetuoso. Más bien, era sano para ella y su familia, y menos tóxico para su fortaleza mental.

Cuando no te pones límites saludables de forma física y emocional, corres el riesgo de donarle tu poder a alguien más. Tal vez no te atreves a decir "no" cuando tu vecino te pide un favor. O quizá temes recibir una llamada telefónica de un amigo que siempre se está quejando, pero sigues contestando a la primera que suena. Cada vez que no dices "no" a algo que no quieres hacer, regalas tu poder. Si no haces un esfuerzo por satisfacer tus propias necesidades, seguirás permitiendo que la gente te quite cosas.

Una falta de límites emocionales también puede ser problemática. Si no te gusta cómo te trata alguien, mientras no le pongas un alto, le estás dando poder sobre tu vida.

EL PROBLEMA DE REGALAR TU PODER

Lauren permitió que su suegra controlara el tipo de tarde que iba a tener. Si Jackie aparecía, se enojaba porque no pasaría tiempo de calidad con sus hijas. Los días que no iba a su casa, se sentía más relajada. Dejó que el comportamiento de Jackie interfiriera en la relación con sus niñas y su matrimonio.

En lugar de pasar su tiempo libre platicando cosas divertidas con su esposo y sus amigas, se la pasaba quejándose de la suegra y gastaba su energía. A veces, incluso se descubrió quedándose a trabajar tarde de manera voluntaria porque no quería llegar a casa cuando sabía que Jackie estaba ahí. Entre más le entregaba su poder, menos podía recuperarlo.

De verdad, regalar tu poder genera muchos problemas:

- *Dependes de los otros para regular tus sentimientos.* Cuando entregas tu poder, dependes por completo de las personas y las circunstancias externas para regular tus emociones. Muchas veces la vida se vuelve como una montaña rusa, cuando las cosas van bien, te sientes bien; pero cuando las circunstancias cambian, también lo harán tus pensamientos, sentimientos y comportamiento.

- *Dejas que los demás definan tu autoestima.* Si les das a los demás el poder de determinar tu autoestima, nunca te sentirás lo suficientemente valioso. Sólo serás tan bueno como la opinión que alguien más tenga de ti. Pero recuerda, no importa cuántos premios, reconocimientos o retroalimentaciones positivas recibas, si dependes de otros para sentirte bien contigo mismo, nunca serán suficientes para satisfacer tus necesidades.

- *Evitas dirigirte al verdadero problema.* Regalar tu poder conduce a la incapacidad y a la impotencia. En vez de enfocarte en lo que puedes hacer para mejorar la situación, encontrarás una excusa para justificar tus problemas.

- *Te vuelves víctima de tus circunstancias.* Te volverás pasajero (en vez de conductor) de tu propia vida. Dirás que los demás te hacen sentir mal o te obligan a comportarte de maneras que no te gustan. Culparás a otros en lugar de aceptar la responsabilidad de tus decisiones.

- *Te vuelves súper sensible a las críticas.* Te faltará habilidad para evaluar la crítica. Más bien, te tomarás muy en serio cualquier cosa que alguien diga. Darás más poder del que merecen las palabras de los demás.

- *Pierdes de vista tus objetivos.* Si permites que la gente tenga control sobre tus metas, no serás capaz de construir el tipo de vida que quieres. Cuando le das a los demás el poder de meterse en tu camino e interferir en tu progreso, no puedes trabajar hacia tus propósitos de manera exitosa.

- *Arruinas tus relaciones.* Si no levantas la voz para expresar cuando las personas lastiman tus sentimientos o permites que infrinjan en tu vida de manera desagradable, es probable que crezcas resentido contra ellas.

RECLAMA TU PODER

Si no tienes seguridad en ti mismo, toda tu autoestima depende de cómo te ven los demás. ¿Qué pasa si ofendes a alguien? ¿Qué pasa si ya no te quieren? ¿Qué pasa si no les caes bien? Si pones límites saludables, tal vez recibas una respuesta un poco negativa. Pero si tienes una buena autoestima, aprenderás que puedes tolerar las repercusiones.

Lauren aprendió que podía ser firme con su suegra y comportarse de manera respetuosa al mismo tiempo. Aunque tenían miedo de enfrentarla, Lauren y su esposo, juntos, le explicaron a Jackie su preocupación. Al principio, la señora se ofendió cuando le dijeron que ya no podía ir todos los días. Jackie trató de argumentar cuando le pidieron que no hiciera comentarios groseros sobre las reglas de Lauren (para las niñas). Pero, con el tiempo, aceptó que tenía que seguir esas reglas si quería entrar a su casa.

IDENTIFICA A LA GENTE QUE TE QUITA PODER

Steve McDonald es un ejemplo increíble de alguien que decidió no regalar su poder. Cuando trabajaba como oficial de policía en Nueva York en 1986, el oficial McDonald detuvo a algunos adolescentes para preguntarles sobre unos robos de bicicletas. Uno de los quinceañeros en cuestión sacó una pistola y le disparó en la cabeza y en el cuello. Los disparos le paralizaron todo el cuerpo.

De forma milagrosa el oficial McDonald sobrevivió. Pasó dieciocho meses en el hospital recuperándose y aprendiendo a vivir como un cuadripléjico. En la época del accidente apenas llevaba ocho meses de casado y su esposa tenía seis meses de embarazo.

De manera sorprendente, el oficial McDonald y su esposa decidieron no concentrarse en todo lo que les había quitado aquel adolescente. Más bien, tomaron la decisión consciente de perdonarlo. De hecho, algunos años después del ataque, el agresor le llamó desde la cárcel para disculparse. El oficial McDonald no sólo aceptó sus disculpas, sino que también le dijo que esperaba que algún día pudieran viajar juntos por el país compartiendo su historia con la esperanza de prevenir otros actos de violencia. El oficial McDonald nunca tuvo la oportunidad de hacer esto porque tres días después de que el chico salió de la cárcel, murió en un accidente de motocicleta.

Así que partió solo en su misión de esparcir su mensaje de paz y perdón. En el libro *Why Forgive?* (¿Por qué perdonar?) dice: "Lo único peor que una bala en mi columna habría sido el alimentar la venganza en mi corazón." Es cierto que perdió su movilidad física en aquel ataque, pero no les dio el poder de arruinar su vida (ni al incidente violento, ni al agresor). Ahora es un conocido orador que enseña sobre el amor, el respeto y el perdón. El oficial McDonald es un ejemplo inspirador de alguien que, a pesar de ser víctima de un acto de violencia sin sentido, decidió no perder tiempo dándole más poder a su atacante.

Perdonar a alguien que te ha lastimado, ya sea emocional o físicamente, no significa justificar su comportamiento, sino dejar ir tu enojo, liberarlo y concentrar tu energía en una causa que valga más la pena.

Si has pasado buena parte de tu existencia sintiendo que eres víctima de tus circunstancias, será un trabajo difícil reconocer que tienes el poder de escoger tu propio camino en la vida. El primer paso es desarrollar una conciencia de ti mismo identificando cuándo culpas a las circunstancias externas y a las otras personas por cómo te sientes, te comportas y piensas. Observa de cerca a quiénes les dedicas tu tiempo y energía. ¿Son las personas que quieres que los reciban? Si no es así, tal vez les estás dando más poder del que merecen.

Cada segundo que te quejas con tus compañeros del trabajo de lo injusto que es tu jefe, le otorgas más poder al susodicho. Cada vez que les dices a tus amigas lo controladora que es tu suegra, le das más poder sobre ti. Decídete a dejar de regalarle a la gente tu tiempo y energía si no quieres que jueguen un papel demasiado importante en tu vida.

REPLANTEA TU LENGUAJE

A veces, conservar tu poder significa cambiar la manera en que ves la situación. A continuación leerás algunos ejemplos del lenguaje que indica que estás regalando tu poder:

- "Mi jefe *me hace* enojar." Tal vez no te gusta el comportamiento de tu jefe, pero ¿en verdad *te hace* sentir coraje? Tal vez tu jefe se comporta de una manera que no te gusta y eso influye en cómo te sientes, pero él no te está forzando a sentir nada.

- "Mi novio me dejó porque *no soy lo suficientemente buena*." ¿En verdad no lo eres o sólo es la opinión de una persona? Si haces una encuesta a 100 individuos es poco probable que todos tengan la misma opinión. Sólo porque una persona piensa algo, no significa que sea verdad. No otorgues el poder de determinar quién eres a una simple opinión.

- "Mi mamá *me hace* sentir muy mal porque siempre me está criticando." Como adulto, ¿tienes la obligación de escuchar a tu madre haciendo comentarios negativos sobre ti una y otra vez? Sólo porque dice cosas desagradables de ti ¿te tiene que bajar la autoestima?

- "Todos los domingos en la noche *tengo* que invitar a cenar a mi familia política." ¿Tus suegros en verdad te obligan a hacerlo o es una decisión que tomaste porque es importante para tu familia (o para quedar bien)?

PIENSA ANTES DE REACCIONAR

Rachel trajo a terapia a su hija de dieciséis años porque no le hacía caso. No importaba lo que le pidiera, simplemente no la escuchaba y no lo realizaba. Le pregunté a Rachel cómo reaccionaba cuando su hija se negaba a seguir instrucciones. Aparte de la frustración, me dijo que gritaba y discutía con ella. Cada vez que su hija le decía "¡No!" Rachel le gritaba "¡Hazlo!"

Rachel no se había dado cuenta, pero le estaba dando mucho poder a su hija. Cada minuto que peleaba con ella era uno más en que la chica retrasaba la limpieza de su cuarto. Cada vez que perdía el control, Rachel regalaba algo de su poder. En lugar de manejar el comportamiento de su hija, le daba el poder para dominarla.

Si alguien dice algo que no te gusta, y gritas o empiezas a pelear, les das más poder a esas palabras que te desagradan. Decide de manera consciente pensar cómo te quieres comportar antes de reaccionar ante la otra persona. Cada vez que pierdes la serenidad, le regalas tu poder al otro. He aquí unas estrategias para ayudarte a permanecer calmado cuando te sientas tentado a reaccionar de forma negativa:

- *Respira profundo.* La frustración y el enojo causan reacciones físicas en el cuerpo (aumento en el número de respiraciones, elevación del ritmo cardiaco y sudoración, sólo por nombrar algunas). Al hacer inhalaciones lentas y profundas relajas tus músculos y bajas la respuesta fisiológica, lo cual, a su vez, reduce tu reacción emocional.

- *Retírate de la situación.* Entre más emocional te sientas, menos racional pensarás. Aprende a reconocer los signos que te advierten que estás enojado (como temblar o ponerte rojo) y retírate de la situación antes de que pierdas la calma. Puedes decir algo como: "No estoy dispuesto a hablar de eso en este momento" o sólo alejarte un rato.

- *Has algo para distraerte.* No intentes resolver un problema cuando te sientas demasiado emocional. Más bien, realiza una actividad como caminar o leer para tranquilizarte. Alejar tu mente de lo que te molesta, aunque sólo sea unos cuantos minutos, puede ayudar a calmarte para que pienses de manera más racional.

EVALÚA LOS COMENTARIOS DE MANERA CRÍTICA

Poco antes de que Madonna lanzara un álbum que vendió más de diez millones de copias, recibió una carta de rechazo del presidente de Millennium Records que decía "Lo único que falta en este proyecto es la madera de cantante." Si Madonna hubiera dejado que la carta definiera sus habilidades para cantar y componer, tal vez se hubiera dado por vencida. Pero, por suerte, siguió buscando una oportunidad en la industria de la música. Meses después de la carta de rechazo, firmó un contrato que lanzó su carrera. En menos de dos décadas, el libro de récords mundiales, *Guinness World Records,* la reconoció como la artista discográfica femenina que más ha vendido en la historia. Tiene muchos otros récords y reconocimientos, por ejemplo, en 2008, la revista *Billboard* la clasificó como la segunda artista solista más exitosa en la historia musical en el Hot 100 All-Time Top Artist, sólo detrás de los Beatles.

Casi todas las personas exitosas tienen una historia de rechazo similar. En 1956, Andy Warhol intentó entregar una de sus pinturas al Museo de Arte Moderno, pero no la quisieron aceptar, incluso siendo gratis. Saltemos hasta 1989: sus pinturas se volvieron tan famosas que se ganaron su propio museo. El Museo Andy Warhol es el más grande de Estados Unidos dedicado a un solo artista. Es claro que todo el mundo tiene sus puntos de vista, pero la gente exitosa no permite que la opinión de alguien la defina.

Conservar tu poder se trata de evaluar los comentarios y las críticas para determinar si tienen validez. Aunque a veces la retroalimentación puede abrirte los ojos a cómo te perciben los demás para hacer un cambio positivo (un amigo te señala un mal hábito, o una pareja te ayuda a ver tu comportamiento egoísta) otras veces, la crítica es un reflejo del crítico. La gente enojada tal vez haga críticas molestas con bastante regularidad sólo porque calma su estrés. O individuos con la autoestima baja pueden sentirse mejor al minimizar a otra persona. Por eso es muy importante considerar bien la fuente antes de tomar cualquier decisión sobre cómo quieres proceder. Recuerda: "Tómalo de quien viene".

Cuando recibes críticas, comentarios o retroalimentación de otras personas, espera un momento antes de responder. Si estás molesto, alterado o sensible, tómate tu tiempo para calmarte. Entonces, hazte las siguientes preguntas:

- *¿Qué evidencia tengo de que esto es cierto?* Por ejemplo, si tu jefa dice que eres flojo, busca evidencias de las veces que no has trabajado mucho.

- *¿Qué pruebas hay de que es falso?* Busca las veces en las que hayas puesto mucho esfuerzo o sido un buen trabajador.

- *¿Por qué me estará diciendo esto?* Retrocede un poco y ve si puedes descubrir por qué esta persona te está dando críticas negativas. ¿Está basado en la pequeña muestra de tu comportamiento que presenció? Por ejemplo, si tu jefa sólo vio tu trabajo un día que estabas enfermo, tal vez decida que no eres muy productivo. Su conclusión puede no ser acertada.

- *¿Quiero cambiar mi comportamiento?* Hay veces en las que decides cambiar tu comportamiento porque estás de acuerdo con la crítica de la otra persona. Por ejemplo, si tu jefa dice que eres flojo, tal vez decidirás que no le has echado tantas ganas a tu trabajo como podrías. Así que empiezas a llegar más temprano y quedarte más tiempo porque es importante para ti ser un buen empleado. Sólo recuerda que tu jefa no te está forzando a hacer nada diferente. Tú estás decidiendo crear un cambio porque quieres, no porque tengas que hacerlo.

Recuerda que la opinión sobre ti de una persona no la hace verdad. Puedes estar en desacuerdo de manera respetuosa y seguir adelante (sin dedicar tiempo y energía a cambiar la mente de otra persona).

RECONOCE TUS OPCIONES

Hay muy pocas cosas en la vida que *debes* hacer, pero muchas veces nos convencemos de que no tenemos otra opción. En vez de decir "*tengo* que trabajar mañana", recuerda que es una elección. Claro, si escoges no ir, habrá consecuencias. Tal vez te descuenten o incluso te arriesgas a perder tu empleo. Pero es una elección.

Recordar que tienes opciones en todo lo que haces, piensas y sientes es muy liberador. Si has pasado la mayor parte de tu vida sintiéndote víctima de tus circunstancias, te costará un poco de trabajo reconocer que tienes el poder para crear el tipo de vida que quieres vivir.

RECUPERAR TU PODER TE HARÁ MÁS FUERTE

No te nombrarán una de las personas más poderosas del mundo si regalas tu poder. Pregúntale a Oprah Winfrey. Creció en extrema pobreza y fue abusada sexualmente por varias personas durante su infancia. Rebotó entre vivir con su madre, padre y abuela y, cuando era adolescente, huía de casa con frecuencia. Se embarazó a los catorce años, pero el bebé murió poco después de nacer.

Durante sus años de preparatoria, empezó a trabajar en una estación de radio local. Forjó su camino a través de muchos trabajos en medios de comunicación y, con el tiempo, llegó a ser presentadora de noticias de televisión. Pero después la despidieron.

Sin embargo, no permitió que la opinión de una persona sobre sus aptitudes al aire la detuvieran. Creó su propio *show* y a la edad de treinta y dos años se volvió un éxito internacional. A los cuarenta y uno, sus ingresos superaban los 340 millones de dólares. Oprah empezó su propia revista, programa de radio, cadena de televisión y es coautora de cinco libros. Incluso ganó un premio de la Academia (el Óscar Humanitario Jean Hersholt). Empezó muchas obras de caridad para ayudar a la gente de escasos recursos, incluyendo la Academia de Liderazgo para Niñas (OWLAG, por sus siglas en inglés) en Sudáfrica.

Oprah no dejó que su infancia o su primer trabajo le quitaran su poder. Una mujer de la cual se burlaron por usar un saco de papas como vestido (porque era tan pobre que no tenía ropa) fue nombrada una de las mujeres más poderosas del mundo por CNN y *Time*. Las estadísticas pronosticaron que su crianza provocaría algo negativo. Pero Oprah no quiso ser una estadística. Eligió definir quién iba a ser en la vida y no regalar su poder.

Cuando decides que nadie puede controlar cómo te sientes, tu poder se fortalecerá. He aquí algunas otras razones por las que conservarlo te ayudará a convertirte en una persona mentalmente fuerte:

- *Cuando tomas decisiones basado en lo que es mejor para ti (en vez de lo que evitará repercusiones) desarrollarás un mejor sentido de quién eres.*

- *Cuando asumes la responsabilidad de tu propio comportamiento, te volverás responsable de tu progreso hacia tus metas.*

- *Nunca estarás presionado a hacer algo que no quieres basado en sentirte culpable o en lo que crees que las otras personas quieren que hagas.*

- *Serás capaz de dedicar tu tiempo y energía a las cosas que tú elijas.* No culparás a otros por hacerte perder el tiempo o arruinar tu día.

- *Conservar tu poder personal reduce tu riesgo de depresión, ansiedad y otros problemas de salud mental.* Muchas enfermedades están ligadas a los sentimientos de inutilidad, desesperanza e impotencia. Si no le regalas el poder de controlar cómo te sientes y te comportas a otras personas y circunstancias externas, ganas más poder sobre tu salud mental.

Cuando guardas rencor, esos sentimientos de enojo y resentimiento no provocan nada en la vida de la otra persona. Más bien, le das más poder para interferir en tu calidad de vida. Decidir perdonar te permite recuperar tu poder, no sólo sobre tu salud psicológica, sino también en la física. Las investigaciones muestran que perdonar provoca los siguientes beneficios:

- *Reduce el estrés.* A través de los años muchos estudios han demostrado que guardar rencor mantiene tu cuerpo en un estado de estrés. Cuando perdonas disminuyen tu presión arterial y tu ritmo cardíaco.

- *Aumenta la tolerancia al dolor.* En 2005 se hizo un estudio con pacientes de dolor crónico de espalda baja. El enojo incrementó la angustia psicológica y disminuyó la tolerancia al dolor de la persona. Se asoció la disposición a perdonar con el aumento de la tolerancia al dolor.

- *Perdonar de manera incondicional puede ayudar a vivir más tiempo.* En un estudio publicado en *Journal of Behavioral Medicine* de 2012 se descubrió que cuando la gente estaba dispuesta a perdonar a los demás bajo ciertas condiciones (como que el otro se disculpe o prometa que nunca lo volverá a hacer) el riesgo de morir antes se incrementaba. No puedes decidir si la otra persona se disculpará. Esperar a perdonar hasta que te digan "lo lamento" les da el control no sólo sobre tu vida, sino tal vez hasta sobre tu muerte.

CONSEJOS PARA SOLUCIONAR EL ERROR

Monitorea tu poder personal y sé consciente de las formas en que lo regalas de manera voluntaria. Es un trabajo que requiere mucho esfuerzo, pero para aumentar tu fortaleza mental debes conservar cada gramo de tu poder.

ES ÚTIL

- Usar un lenguaje que reconozca y remarque tus elecciones, por ejemplo: "Decido…"

- Establecer límites saludables físicos y emocionales con las personas.

- Comportarte de manera proactiva al tomar decisiones conscientes sobre cómo responder a los demás.

- Asumir toda la responsabilidad de cómo eliges gastar tu tiempo y energía.

- Perdonar a las personas sin considerar si buscan hacer las paces.

- Considerar las críticas sin saltar a las conclusiones.

NO ES ÚTIL

- Usar un leguaje que implica que eres una víctima, por ejemplo "*Tengo que* hacer esto" o "mi jefe *me hace* enojar mucho."

- Sentir enojo y resentimiento hacia la gente (porque le permites transgredir tus derechos).

- Reaccionar ante el otro y luego echarle la culpa por la manera en que te defendiste.

- Hacer cosas que no quieres y luego culpar a otros por "obligarte" a hacerlas.

- Guardar rencores, resentimientos y enojos.

- Permitir que las críticas, los comentarios y la retroalimentación controlen la forma en que te percibes o te sientes.

CAPÍTULO 3

NO EVITAN EL CAMBIO

> No es que algunas personas tengan fuerza
> de voluntad y otras no...
> Es que algunas personas están listas para
> cambiar y otras no.
>
> *JAMES GORDON*

Richard llegó a mi consultorio porque no lograba mejorar su salud física. A los cuarenta y cuatro años le diagnosticaron diabetes y tenía treinta y cuatro kilos de más.

Poco después de su diagnóstico, fue con una nutrióloga y aprendió los cambios que debía incorporar a su dieta para perder peso y controlar sus niveles de azúcar. Al principio, intentó eliminar todos los alimentos chatarra que siempre había comido. Incluso tiró a la basura todo el helado, galletas y bebidas azucaradas que tenía en casa. Pero dos días después se descubrió comprando más dulces y regresando a sus viejos hábitos.

También hizo conciencia de que necesitaba aumentar su actividad física si quería ser más saludable. Después de todo, el ejercicio no era extraño para él. En la preparatoria fue una estrella en futbol y basquetbol. Pero en estos días pasaba la mayor parte de su tiempo sentado detrás de una computadora. Trabajaba muchas horas y no estaba seguro de cómo encontraría tiempo para hacer ejercicio. Compró una membresía para el gimnasio, pero sólo había ido dos veces. Casi siempre llegaba a casa exhausto del trabajo y sentía que no pasaba tiempo suficiente con su esposa y sus hijos.

Richard me dijo que en verdad quería ser más saludable. Pero se sentía frustrado. Aunque entendía los riesgos de tener sobrepeso y los peligros de no controlar su diabetes, simplemente no podía motivarse para transformar sus malos hábitos.

Era claro que quería hacer un cambio muy grande demasiado rápido, lo cual es la receta para el fracaso. Le recomendé escoger una cosa para cambiar a la vez. En la primera semana dejó las galletas que, por lo general, se comía en su escritorio en la tarde. Era importante encontrar algo para reemplazar ese hábito, así que decidió probar con palitos de zanahorias.

También le aconsejé conseguir apoyo para ayudarlo a ser más saludable. Estuvo de acuerdo con asistir a un grupo de diabéticos. Y en las semanas siguientes discutimos estrategias para que su familia se involucrara. Su esposa asistía a algunas sesiones con él y empezó a entender los pasos que podía dar para ayudar a Richard a mejorar su salud. Estuvo de acuerdo con no comprar tanta comida chatarra cuando fuera al supermercado y empezó a trabajar con su esposo para encontrar recetas saludables.

También discutimos una agenda de ejercicio realista. Richard dijo que casi todos los días salía de casa pensando en ir al gimnasio después del trabajo, pero siempre se contradecía y se iba directo a casa. Decidimos que empezaría a ejercitarse tres veces a la semana y agendó esos días con anticipación. También guardó en el carro una lista de todas las razones por las que era bueno ir al gimnasio. En los días en que empezaba a pensar que mejor se iría directo a casa en vez de al gimnasio, leía la lista como un recordatorio de por qué ir al gimnasio era la mejor opción, incluso si no la sentía como tal.

En los siguientes dos meses Richard empezó a perder peso, pero su azúcar en la sangre seguía bastante alta. Reconoció que todavía comía muchos alimentos chatarra mientras veía televisión en las noches. Lo animé a encontrar maneras de complicar la ubicación de las botanas dulces (así sería más difícil tomar una). Decidió que las guardaría bajo de las escaleras del sótano. Entonces, cuando deambulara por la cocina en las noches, estaría más propenso a encontrar algo saludable. Si aun así deseaba una galleta, reflexionaba en si quería bajar al sótano por ella y la mayoría de las veces, era más motivante recurrir a una botana saludable. En cuanto empezó a ver progresos, descubrió que era más fácil hacer más cambios. Con el tiempo, fue capaz de sentirse más inspirado para perder peso y controlar sus niveles de azúcar en la sangre.

CAMBIAR O NO CAMBIAR

Aunque muchas veces dices que quieres cambiar, lograrlo con éxito es difícil. Nuestros pensamientos y emociones a menudo nos previenen de crear una transformación de comportamiento, incluso cuando mejorará nuestras vidas.

Mucha gente evita hacer cambios que pueden mejorar sus vidas de manera drástica. Revisa si alguno de los siguientes enunciados se aplica a ti:

☐ Tiendes a justificar un mal hábito convenciéndote de que lo que estás haciendo no es "tan malo".

☐ Los cambios en la rutina te provocan mucha ansiedad.

☐ Incluso cuando estás en una mala situación, te preocupa que transformarla pueda empeorarla.

☐ Cada vez que intentas hacer un cambio, te cuesta mucho adherirte a él.

☐ Es difícil adaptarte a las transformaciones que te afectan hechas por tu jefe, familia o amigos.

☐ Piensas muchísimo en cambiar pero lo aplazas para más tarde, sin dejar de hacer lo de siempre.

☐ Te preocupa que cualquier transformación que hagas no sea duradera.

☐ Sólo con pensar en salir de tu zona de confort te asustas.

☐ Te falta motivación para crear cambios positivos porque es muy difícil.

☐ Inventas excusas para objetar por qué no puedes cambiar, por ejemplo: "Me gustaría hacer más ejercicio pero mi esposo no me quiere acompañar."

☐ Te cuesta trabajo recordar cuándo fue la última vez que te pusiste un reto consciente para ser una mejor persona.

☐ Dudas en hacer cualquier cosa nueva porque te parece un compromiso muy grande.

¿Alguno de los ejemplos anteriores te suena familiar? Aunque las circunstancias pueden variar muy rápido, los humanos a menudo cambian a un ritmo mucho más lento. Decidir hacer algo diferente exige una adaptación del pensamiento y el comportamiento, lo cual probablemente te traerá algunas emociones desagradables. Pero eso no significa que debas huir del cambio.

¿POR QUÉ EVITAMOS EL CAMBIO?

Al principio, Richard intentó cambiar demasiado rápido y esto lo abrumó. Siempre que pensaba *esto será muy difícil*, se daba el permiso de rendirse. Pero tan pronto como empezó a ver resultados positivos, sus pensamientos se volvieron más optimistas y fue más fácil mantener la motivación. Mucha gente huye del cambio porque piensa que hacer algo diferente es demasiado arriesgado o incómodo.

TIPOS DE CAMBIO

En la vida podemos experimentar diferentes tipos de cambio, algunos más fáciles que otros:

- **Cambio radical.** Algunos cambios son graduales mientras que otros son de tómalo o déjalo, blanco o negro, todo o nada. Por ejemplo, decidir tener un hijo no es algo que puedas hacer en pasos. Cuando tienes ese bebé, tu vida se transforma de manera irrevocable.

- **Cambio de hábitos.** Puedes elegir una de dos: deshacerte de tus malos hábitos (como desvelarte) o crear unos buenos (como ejercitarte cinco días a la semana). La mayoría de estas transformaciones te permiten intentar algo nuevo por un rato, pero siempre corres el riesgo de volver a tus viejos hábitos.

- **Cambio para intentar algo nuevo.** A veces, esto implica tratar de hacer algo diferente o variar tu rutina diaria, por ejemplo: ser voluntario en un hospital o tomar clases de violín.

- **Cambio de comportamiento.** Hay cambios de comportamiento que no necesariamente constituyen un hábito. Por ejemplo, comprometerte a asistir a todos los partidos de tu hijo o querer ser más amigable.

- **Cambio emocional.** No todas las transformaciones son tangibles (a veces son emocionales). Por ejemplo, si quieres sentirte menos irritable todo el tiempo, necesitas reflexionar cuáles son los pensamientos y comportamientos que contribuyen a tu irritabilidad.

- **Cambio cognitivo.** Tal vez quieres transformar tu pensamiento. Por ejemplo, recordar menos el pasado o disminuir los pensamientos angustiantes.

DISPOSICIÓN AL CAMBIO

Los propósitos de año nuevo por lo general se rompen porque intentamos hacer cambios basados en una fecha y no porque en verdad estemos listos. Y si no estás listo para crear una transformación es muy probable que no tengas éxito en mantenerla. Incluso variar un hábito pequeño como usar hilo dental todos los días o dejar de comer antes de dormir, requiere un cierto grado de compromiso.

LAS CINCO ETAPAS DEL CAMBIO

1. **Prerreflexión.** Cuando la gente se encuentra en este estado, todavía no identifica ninguna necesidad de cambiar. Richard estuvo así por años. Evitaba ir al doctor, subirse a una báscula y minimizaba cualquier comentario de su esposa cuando expresaba su preocupación sobre su salud.

2. **Reflexión.** La gente que reflexiona de manera activa considera los pros y los contras de cambiar. La primera vez que vi a Richard se encontraba en esta etapa. Estaba consciente de que si no variaba sus hábitos alimenticios tendría graves consecuencias, pero todavía no estaba seguro de cómo crear un cambio.

3. **Preparación.** En este estado las personas se preparan para hacer la transformación. Establecen un plan con pasos concretos donde identifican lo que harán diferente. Cuando Richard pasó a esta etapa, agendó los días para entrenar y decidió cambiar sus botanas por unas más saludables.

4. **Acción.** En concreto, es aquí donde se lleva a cabo el cambio de comportamiento. Richard empezó a ir al gimnasio y reemplazó sus galletas de la tarde por zanahorias.

5. **Mantenimiento.** Este paso (muchas veces ignorado) es esencial. Richard tuvo que planearlo con anticipación para poder mantener los cambios en su estilo de vida cuando enfrentara obstáculos como días feriados o vacaciones.

MIEDO

Cuando conocí a Andrew, estaba estancado en un empleo mal pagado que no le generaba ningún reto. Tenía un título universitario, pero trabajaba en un área que no aprovechaba ninguna de sus habilidades. Había pocas oportunidades de crecimiento.

Unos meses antes de nuestra primera sesión, tuvo un accidente automovilístico. Su carro fue pérdida total y se le acumularon algunas facturas médicas por pagar. Como estaba asegurado por debajo del valor real (tanto en el asunto del vehículo como en el de la salud) sufrió serios problemas financieros.

A pesar de sentir mucho estrés por su situación económica, Andrew temía buscar y aplicar para nuevos empleos. Le preocupaba que no le fuera a gustar otro trabajo y carecía de confianza en sus habilidades. Además, le asustaba el acostumbrarse a una nueva oficina, otro jefe y compañeros diferentes.

Ayudé a Andrew examinando los pros y los contras de cambiar de empleo. Cuando desarrolló su presupuesto pudo examinar su verdadera situación. Si se quedaba en el trabajo actual le sería imposible pagar las facturas cada mes. Incluso sin ningún gasto inesperado, le faltaban como 3 000 pesos. Enfrentar esta realidad le dio a Andrew la motivación que necesitaba para aplicar en nuevos trabajos. El miedo a no poder pagar pesó más que el miedo a conseguir un nuevo empleo mejor remunerado. Así como a Andrew, a mucha gente preocupa que al hacer algo diferente las cosas se pongan peor. Tal vez no te gusta la casa en la que vives, pero te angustia que una nueva te traiga problemas mayores. O tal vez te preocupa terminar una relación porque tienes miedo a quedarse solo y nunca encontrar a alguien mejor. Así que te convences de seguir igual, aun si no eres feliz.

EVITAR LA MOLESTIA

Mucha gente asocia el cambio con el malestar. Y seguido minimizan su habilidad para tolerar la molestia que trae consigo una variante de comportamiento. Richard sabía las transformaciones que necesitaba hacer para mejorar su salud, pero no quería dejar la comida que le gustaba o sentir el dolor que implica hacer ejercicio. Además le preocupaba que perder peso significaría tener hambre. Temía todas esas realidades, pero no se daba cuenta de que esas ligeras molestias eran sólo eso; nada realmente peor. Fue hasta que empezó a ganar confianza en su habilidad para tolerar las molestias que en verdad tuvo ganas de hacer más cambios.

DOLOR

Tiffany llegó a terapia porque quería cambiar sus hábitos consumistas. Compraba fuera de control y se estresaba porque siempre tenía un saldo enorme en su tarjeta de crédito. No quería seguir gastando, pero al mismo tiempo, no quería cambiar. Cuando discutimos algunas de sus preocupaciones sobre qué pasaría si se apegara a un presupuesto, descubrió que no quería dejar de pasar tiempo con sus amigas, pues ella y sus amigas pasaban las tardes de los sábados comprando juntas. Pensó que la única forma de detener su manera de gastar significaba abandonar ese tiempo con ellas, lo cual temía que la llevaría a la soledad.

Hacer algo diferente significa dejar algo. Y a menudo hay un dolor asociado a dejar algo atrás. Para ahorrarnos esta pena, nos convencemos de no cambiar. Tiffany prefería mantener su día con las amigas en el centro comercial, que evitar su ruina económica.

EL PROBLEMA DE EVITAR EL CAMBIO

Huir del cambio puede tener consecuencias graves. En el caso de Richard, seguir con sus hábitos negativos causaría estragos en su salud. Entre más se tardara en cambiar, más irreversible sería el daño que sufriría.

Pero evitar una transformación no siempre tiene sólo consecuencias físicas. Seguir estancado también puede interferir con el crecimiento personal en otras áreas de tu vida.

- *Permanecer igual muchas veces equivale a estar atrapado en la rutina.* La vida puede ser un poco aburrida si no haces algo diferente. Una persona que decide mantener las cosas lo más rutinario y simple posible, puede que no experimente una vida rica y plena, y tal vez padezca depresión.

- *No aprenderás cosas nuevas.* El mundo se transforma día a día, contigo o sin ti. No creas que tu decisión de no cambiar te protegerá de todos los demás. Te arriesgarás a quedarte en el polvo si decides seguir haciendo todo igual por el resto de tu vida.

- *Tal vez tu vida no mejore.* Si no cambias, no puedes mejorar tu vida. Muchos problemas que están esperando solución requieren que hagas algo diferente. Pero si no estás dispuesto a intentar algo nuevo, evidentemente esos asuntos seguirán sin resolverse.

- *No te retarás para desarrollar hábitos saludables.* Es muy fácil desarrollar malos hábitos. Romperlos exige una disposición a intentar algo nuevo.

- *Otras personas te sobrepasarán.* "Mi esposo no es el mismo hombre con el que me casé hace treinta años." Todo el tiempo escucho eso en mi consultorio y casi siempre mi respuesta es: "¡Qué bueno!" Espero que todos crezcan y cambien en el transcurso de treinta años. Si no estás dispuesto a retarte y mejorar, tal vez otros se aburran contigo.

- *Entre más tiempo esperes más difícil será.* Qué crees que sea más fácil: ¿dejar de fumar después de tu primer cigarro o después de veinte años de vicio? Entre más tiempo mantengas el mismo hábito, más difícil será romperlo. A veces las personas posponen el cambio hasta el momento correcto. Dicen cosas como: "Buscaré un trabajo nuevo cuando las cosas se calmen" o "me preocuparé de bajar de peso después de las fiestas decembrinas." Pero muchas veces, el tiempo perfecto para hacer algo nunca llega. Entre más retrases una transformación, más difícil será lograrla.

ACEPTA EL CAMBIO

La primera vez que supe de Mary Deming fue por una de sus amigas cercanas que no paraba de decir cosas buenas sobre ella. Cuando escuché su historia, entendí por qué. Pero fue hasta que hablé con ella que en verdad me conmocionó.

Cuando Mary tenía dieciocho años, a su madre le diagnosticaron cáncer de mama. Tres años después murió. Mary admite que escondió la cabeza en la arena como avestruz y no enfrentó nada. Dudaba entre autocompadecerse (su padre había muerto cuando era adolescente, así que sentía que era injusto ser "huérfana" a los veintiún años) y ocuparse en tantas actividades como fuera posible (así no tendría que enfrentar la realidad de su situación).

Pero en 2000, a la edad de cincuenta años (la misma en que su padre había muerto), Mary empezó a pensar en su propia mortalidad. Ese mismo año, como profesora de una preparatoria, le pidieron que acompañara una recaudación de fondos patrocinada por le escuela para la investigación del cáncer. Asistir a ese evento le dio a Mary una oportunidad para conocer a otras personas que habían perdido seres queridos debido al cáncer. La recaudación de fondos prendió la mecha de su pasión por hacer una diferencia. A partir de ahí empezó a participar en eventos de esa naturaleza.

Para empezar, se inscribió en la carrera "Relay for Life". Fue su primera caminata para recaudar fondos y estuvo organizada por la Sociedad Americana contra el Cáncer. Luego, en 2008, se unió a la caminata de tres días y 96 km patrocinada por Susan G. Komen, esta caminata tuvo el propósito específico de juntar dinero para el cáncer de mama. Mary siempre había sido una persona competitiva y cuando vio cuánto dinero podían juntar otras personas, cambió la velocidad y recaudó 38 mil dólares por su cuenta (es decir, mil dólares por cada año desde la muerte de su madre).

Pero en vez de felicitarse por hacer un buen trabajo, Mary atribuyó el crédito a la gente de su pequeño pueblo por ayudarla a recaudar fondos. Y sus esfuerzos por juntar dinero para la investigación en la lucha contra el cáncer hicieron que se diera cuenta de que esta actividad era muy cercana y querida por sus vecinos.

Empezó a indagar y descubrió que Connecticut, el estado donde vivía, tenía la segunda tasa más alta de cáncer de mama en el país. Y esto le dio una idea. Mary decidió empezar su propia agencia sin fines de lucro para recaudar dinero e involucró a toda la comunidad. Nombró a su organización Seymour Pink, por su pueblo: Seymour, Connecticut. Cada octubre (el conocido mes del cáncer) el pueblo se asegura de que todo "se vea más rosa". Los negocios decoran todo de este color. Por todo el pueblo, en los postes de luz, se cuelgan carteles rosas que honran a las sobrevivientes y la memoria de los seres queridos que perdieron la batalla contra el cáncer de mama. También adornan las casas con listones y globos rosas.

A través de los años, Mary ha juntado casi medio millón de dólares por causas relacionadas con el cáncer. Su organización dona dinero para la investigación y otorga apoyo económico a las familias afectadas por esta enfermedad. Mary no sólo no se atribuye el crédito, sino que tampoco lo menciona como un triunfo personal (sólo presume lo maravillosos que son los miembros de su comunidad al participar en sus recaudaciones de fondos). De hecho, supe de los obstáculos que ha superado porque alguien más me lo dijo.

Justo a los tres años de sus esfuerzos, Mary tuvo un accidente automovilístico. Una traumática lesión en el cerebro la dejó con problemas cognitivos y de lenguaje. Pero incluso un accidente serio no pudo detener a alguien como ella. Iba a terapia ocho veces a la semana y estaba decidida a regresar a juntar dinero para los pacientes y la investigación del cáncer de mama. En el momento en que mucha gente se habría retirado, Mary dijo: "No me daré por vencida." Sabía que sería un largo camino por recorrer, pero no renunció. Le tomó cinco años y en 2008 regresó tanto a su trabajo como profesora de ciencias en la preparatoria como a sus esfuerzos por recaudar fondos. Mary no pretendía cambiar el mundo. Más bien se concentró en lo que podía hacer para crear una diferencia. Si empiezas transformando tu vida, puedes generar variantes positivas en la vida de otras personas. La Madre Teresa de Calcuta decía: "Sola no puedo cambiar al mundo, pero puedo tirar una piedra al agua para crear muchas ondas." Mary Deming tampoco quería cambiar al mundo entero, pero se aseguró de transformar muchas vidas.

IDENTIFICA LOS PROS Y LOS CONTRAS DEL CAMBIO

Haz una lista de lo que es bueno y malo de seguir igual. Luego haz otra con los pros y los contras que resultarían de hacer una transformación. No tomes una decisión sólo basándote en el número de pros *versus* contras, más bien, revisa la lista.

Léela varias veces y reflexiona sobre las consecuencias potenciales de cambiar contra permanecer igual. Si todavía lo estás considerando, este ejercicio puede ayudarte a tomar una decisión.

No es necesario cambiar sólo porque sí. Mudarte a una nueva casa, empezar una relación o variar de empleo, por sí solos, no van a incrementar tu fortaleza mental. Más bien, es importante poner mucha atención a las razones por las que quieres cambiar para que determines si la decisión se basa en hacer lo que es mejor para ti.

Si todavía tienes dudas, haz un experimento de comportamiento. A menos que estés lidiando con un cambio del tipo radical, intenta algo nuevo por una semana. Después evalúa tu progreso y motivación. Decide si quieres continuar o no.

CONOCE TUS EMOCIONES

También pon atención a las emociones que influyen en tu decisión. ¿Cómo te sientes cuando piensas en hacer un cambio? Por ejemplo:

- ¿Te pone nervioso que el cambio no sea duradero?
- ¿Te cansas sólo de pensar en hacer algo diferente?
- ¿Te preocupa tu capacidad de seguir hasta el final con la transformación?
- ¿Te preocupa que las cosas se puedan poner peor?
- ¿Te entristece el tener que dejar algo?

- ¿Te sientes incómodo sólo de admitir que existe un problema?

Ya que hayas identificado algunas de tus emociones, puedes decidir si tiene sentido actuar de manera contraria a tus emociones. Richard, por ejemplo, sentía muchas cosas: estaba nervioso por comprometerse a algo nuevo; se sentía culpable por quitarle tiempo a su familia para hacer ejercicio y le preocupaba que no tuviera éxito al controlar su salud. A pesar de todo, tenía más miedo a lo que le pasaría si no cambiaba.

No dejes que tus emociones tomen la decisión final. A veces tienes que estar dispuesto al cambio, incluso cuando no te "sientas listo". Haz un balance entre tus emociones y tu pensamiento racional. Si te da terror hacer algo nuevo (y esto no hará realmente una gran diferencia en tu vida) tal vez decidas que no vale la pena generarte el estrés de una transformación. Pero si puedes identificar, de manera racional, cómo el cambio será mejor para ti a largo plazo, tal vez tenga sentido tolerar la molestia.

CONTROLA TUS PENSAMIENTOS NEGATIVOS

Busca los pensamientos negativos y poco o nada realistas que te influencian. Cuando empieces a hacer cambios, la forma en que piensas sobre el proceso también puede afectar de manera importante qué tan motivado estés para continuar. Pon atención a este tipo de pensamientos que te alejan del cambio:

- Esto nunca funcionará.

- No puedo hacer algo diferente.

- Será muy difícil.

- Dejar las cosas que me gustan será demasiado estresante.

- Lo que estoy haciendo no está tan mal.

- No tiene sentido porque ya intenté algo parecido y no funcionó.

- No soy bueno para manejar el cambio.

- ¿Ya para qué? Es demasiado tarde.

Sólo porque pienses que será difícil no significa que lo será. Muchas veces, algunas de las mejores cosas de la vida surgen de nuestra habilidad por conquistar un reto mediante el trabajo duro.

HAZ UN PLAN EXITOSO PARA CAMBIAR

La preparación para el cambio puede ser el paso más importante. Haz un plan para saber cómo lo implementarás y cómo te apegarás a él. Cuando lo tengas listo puedes seguirlo paso a paso.

Al principio, Richard se dijo que necesitaba perder 34 kilos. Pero pensar en un número tan grande lo agobiaba. No creía que fuera posible. Empezaba cada día con la mejor de las intenciones, pero en la tarde, recaía en sus viejos hábitos. Sólo hasta que se concentró en lo que podía hacer *hoy*, realizó cambios de comportamiento útiles. Al establecer metas más pequeñas (como perder dos kilos) fue capaz de crear pasos que conseguía dar cada día. Mantuvo un diario de comida, llevaba su *lunch* en vez de salir a comer y daba una caminata con su familia los días que no iba al gimnasio.

A menos que enfrentes un cambio radical, puedes hacer pequeños pasos para crear una transformación gradual. Prepárate con los siguientes:

- *Pon una meta de lo que quisieras lograr en los próximos treinta días.* A veces la gente trata de cambiar todo al mismo tiempo. Identifica una meta que quieras lograr primero y establece una expectativa realista de resultados en un mes.

- *Establece cambios concretos de comportamiento que puedas hacer para alcanzar tu meta diaria.* Identifica por lo menos un paso que puedas dar cada día para acercarte a tu objetivo.

- *Anticipa los obstáculos.* Haz un plan para saber cómo responderás a los retos específicos que quizá te encuentres. Planear con anticipación puede ayudar a no salirte del camino.

- *Establece responsabilidad.* Trabajamos mejor cuando establecemos algún tipo de responsabilidad para nuestro progreso. Pídele a tus amigos y familiares de confianza que te ayuden revisando cómo va tu avance. Una opción muy buena para ser responsable es escribir tu progreso todos los días.

- *Monitorea tu progreso.* Determina cómo darás seguimiento a tus avances. Registrar diario tus esfuerzos y logros te ayudará a seguir motivado y mantener los cambios.

COMPÓRTATE COMO LA PERSONA QUE QUIERES LLEGAR A SER

Si tu meta es ser más extrovertido, compórtate de manera más amigable. Si quieres ser un empresario exitoso, estudia cómo actúan los grandes emprendedores y condúcete como uno. No tienes que esperar hasta que te sientas como tal o hasta que llegue el momento adecuado, cambia tu comportamiento desde ahora.

Richard quería ser más saludable, así que necesitaba comportarse como una persona así. Comer de manera sana y hacer ejercicio fueron dos cosas que empezó a hacer para acercarse a sus metas.

Identifica con claridad el tipo de persona que quieres ser. Luego actúa para convertirte en ella. Muchas veces escucho: "Me gustaría tener más amigos." No esperes que los amigos lleguen, comienza a comportarte como alguien amigable y generarás nuevas amistades.

ACEPTAR EL CAMBIO TE HARÁ MÁS FUERTE

El juez Greg Mathis creció en Detroit durante las décadas de los 60 y 70. Cuando era adolescente lo arrestaron muchas veces y abandonó la escuela para unirse a una pandilla. A los diecisiete años, mientras estaba encarcelado en un centro de detención juvenil, le diagnosticaron cáncer de colon a su madre. Por esa razón le otorgaron una libertad condicional antes del tiempo previsto. Antes de morir le prometió a su madre que transformaría su vida de una vez por todas.

Los términos de su libertad condicional le exigían mantener un trabajo, y empezó en McDonald's. Entró en la escuela de derecho de la Eastern Michigan University. Debido a su historial criminal no pudo conseguir trabajo como abogado, pero eso no lo detuvo para encontrar maneras para ayudar a la ciudad de Detroit. Se convirtió en representante del Detroit Neighborhood City Halls (Ayuntamiento de las Colonias de Detroit). Más o menos por esas épocas él y su esposa fundaron Young Adults Asserting Themselves (Jóvenes Adultos Reivindicándose), una agencia sin fines de lucro que ayudaba a la gente joven a encontrar empleo. Pocos años después, Mathis decidió postularse para juez. Aunque sus oponentes le recordaron a la comunidad sus antecedentes criminales, la gente de Detroit creía que Mathis había cambiado, que era un hombre nuevo. Fue electo como el juez más joven en la historia de Michigan. Pronto atrajo la atención de Hollywood y en 1999 empezó un exitoso programa de televisión en el que resolvía controversias de cuantía menor.

Alguna vez criminal, ahora el juez Mathis dona mucho de su tiempo y energía para ayudar a los jóvenes a tomar mejores decisiones en sus vidas. Recorre el país ofreciendo exposiciones sobre juventud y educación (Youth and Education Expos) que alientan a los chicos a escoger lo mejor para su futuro. Ha recibido múltiples premios y menciones por su habilidad de inspirar a la gente joven para que no cometan los mismos errores que él.

A veces, el cambio da como resultado una transformación completa que altera el curso de nuestra vida. Muchas veces, cuando la gente se compromete a crear una diferencia en un área de su vida, como pagar sus deudas, antes de que lo note, también está perdiendo peso y mejorando su matrimonio. El cambio positivo incrementa la motivación y ésta lleva a más transformaciones positivas. Aceptar el cambio es una vía de dos sentidos.

CONSEJOS PARA SOLUCIONAR EL ERROR

Por desgracia tu vida cambiará, quieras o no. La pérdida de un trabajo, la muerte de un ser querido, la mudanza de un amigo, cuando los hijos se van, todo es parte de la vida. Si practicas adaptarte a los cambios pequeños, estarás mejor preparado para lidiar con los grandes e inevitables.

Pon atención en cómo manejas el cambio. Fíjate en las señales de alerta que te avisan que en realidad estás evitando transformaciones importantes que al final podrían mejorar tu vida. Aunque el cambio se sienta molesto, no podrás aumentar tu fortaleza emocional a menos que estés dispuesto a crecer y mejorar.

ES ÚTIL

- Evaluar tu disposición al cambio con una mente abierta.

- Crear periodos de tiempo realistas para establecer y alcanzar tus metas.

- Balancear tus emociones y tus pensamientos racionales para ayudarte a tomar una decisión sobre si hacer o no algo diferente.

- Prepararte para anticipar obstáculos potenciales que podrían interferir en tu progreso.

- Revisar los pros y los contras de hacer un cambio, así como de no hacerlo.

- Concentrarte en un cambio pequeño a la vez, con pasos claros.

- Comprometerte a actuar como la persona en que quieres ser.

NO ES ÚTIL

- Ignorar o evadir incluso el pensar en el cambio.

- Posponer el hacer algo diferente hasta que alcances ciertos peldaños o hasta que haya pasado algún tiempo.

- Permitir que tus emociones dicten si quieres cambiar sin considerar los aspectos lógicos de hacer algo diferente.

- Crear excusas de por qué no puedes realizar una transformación.

- Concentrarte sólo en los aspectos negativos del cambio sin considerar los positivos.

- Convencerte de ni siquiera intentar cambiar porque no crees que puedas.

- Esperar hasta que tengas ganas de crear un cambio.

CAPÍTULO 4

NO SE CONCENTRAN EN LO QUE NO PUEDEN CONTROLAR

> No puedes controlar todas las cosas que te pasan, pero puedes decidir que no te afecten.
>
> *MAYA ANGELOU*

James entró a mi consultorio porque estaba enojado. Llevaba tres años peleando con su exesposa, Carmen, por la custodia de su hija de siete años. El juez se la dio a la mamá y permitió que el papá visitara a la niña los miércoles en la tarde y los fines de semana. James se enfureció con esta decisión porque estaba seguro de que él era el mejor padre de los dos. Se encontraba convencido de que Carmen la traía en su contra y destruía la relación con su hija. Por ejemplo, le había dicho que planeaba llevar a la pequeña a una excursión para ver ballenas. Pero cuando la fecha del viaje se acercaba, la niña le dijo que la semana anterior su madre la había llevado a observar estos animales. James estaba furioso. Sentía que Carmen siempre trataba de opacarlo y ganarle el cariño de su hija haciéndole la fiesta de cumpleaños más grande, comprando el regalo de Navidad más caro y llevándola a las vacaciones más maravillosas. James no podía mantener el ritmo financiero de su esposa ni competir con su falta de disciplina. Carmen permitía que la pequeña se desvelara, jugara sola en la calle y comiera todos los alimentos chatarra que quisiera. Muchas veces intentó hablar con ella, pero era claro que no le interesaba su opinión. James estaba bastante seguro de que Carmen quería hacerlo quedar como el papá malo ante los ojos de su hija.

Además, tampoco le gustaba que su exesposa estuviera teniendo citas otra vez porque le preocupaba el tipo de hombres a los que su hija estaría expuesta. Hasta le dijo a Carmen que había visto a su novio con otra mujer, con la esperanza de que lo cortara. Su plan salió contraproducente porque lo amenazó con conseguir una orden de alejamiento en su contra si no la dejaba en paz.

En un origen, James vino a terapia porque buscaba una aliada legal, no porque quisiera ayuda para enfrentar sus emociones. Quería que le escribiera una carta para la Corte exponiendo las razones por las cuales debería tener la custodia completa de su hija. Cuando le expliqué que no podía hacer eso, dijo que no pensaba que la terapia fuera útil. Pero en vez de irse, siguió hablando.

Cuando le pregunté qué tan efectivos habían sido sus intentos previos por modificar la decisión del juez, reconoció que éste había sido muy claro en que la custodia se quedaba como estaba, le gustara o no. También admitió que no pudo hacer que Carmen cambiara, a pesar de sus grandes esfuerzos. Al final de la sesión, James aceptó regresar a otra cita.

En la siguiente sesión, discutimos cómo sus intentos por controlar la situación estaban afectando a su hija de manera *negativa. Reconoció que el enojo hacia su exesposa interfería en su relación con la pequeña. Discutimos algunas estrategias que podrían ayudarlo a concentrar sus esfuerzos en mejorar la relación con su hija otra vez.*

Para cuando James vino a su tercera y última sesión, supe que ya había entendido porque me dijo: "Debí concentrarme en divertirme con mi hija el día que fuimos al avistamiento de ballenas, en vez de pasarme todo el viaje escribiendo mensajes enojados a su madre por sus intentos de opacarme." También reconoció que, aunque no esté de acuerdo con algunas de las reglas de Carmen, arrastrarla de regreso a la Corte varias veces no ayudará a resolver la situación. Más bien, sólo estaba gastando dinero que podría usar con su pequeña. Decidió que concentraría su energía en ser el mejor papá para su hija, pues así sería una influencia positiva en su vida.

MANTENER TODO BAJO CONTROL

Sentimos mucha confianza y seguridad cuando todo está bajo control. Pero pensar que tenemos el poder para manejar los hilos de todo puede convertirse en un problema. ¿Respondes de manera positiva a alguno de los puntos de abajo?

- ☐ Gastas mucho tiempo y energía tratando de prevenir cualquier cosa negativa.

- ☐ Inviertes energía en desear que las personas cambien.

- ☐ Cuando enfrentas una situación complicada, piensas que puedes arreglar todo sin ayuda de nadie.

☐ Crees que el resultado de cualquier situación está basado en qué tanto esfuerzo pones.

☐ Asumes que la buena suerte no tiene que ver con el éxito. Más bien, tu futuro depende de ti, sólo de ti.

☐ A veces, los demás te acusan de ser un "controlador obsesivo".

☐ Sufres para delegar tareas a otros porque no crees que harán bien el trabajo.

☐ Incluso cuando reconoces que no eres capaz de controlar una situación por completo, te cuesta mucho soltarla.

☐ Si fallas en algo, piensas que eres el único responsable.

☐ No te gusta pedir ayuda.

☐ Piensas que cada persona es la única responsable de no alcanzar sus metas.

☐ Te cuesta mucho trabajar en equipo porque dudas de las habilidades de los otros integrantes.

☐ Te es difícil establecer relaciones significativas porque no confías en la gente.

¿Eres culpable de alguno de los ejemplos de arriba? No podemos hacer que todas las circunstancias y personas de nuestras vidas se ajusten a la manera en que pensamos que *deben* ser. Cuando aprendes a soltar los detalles que no puedes controlar, la cantidad de tiempo y energía que podrás dedicarles a las cosas que sí puedes te dará la habilidad de lograr hazañas increíbles.

¿POR QUÉ TRATAMOS DE CONTROLAR TODO?

James se sentía muy culpable de su divorcio. Intentó que su matrimonio con Carmen funcionara porque deseaba que su hija creciera en un hogar estable. Cuando su relación terminó, no quería que su pequeña sufriera.

Es claro que era un padre amoroso que se preocupaba por el bienestar de su hija. Le aterrorizaba reconocer el poco control que tenía sobre lo que pasaba en su vida cuando estaba con su madre. Para reducir su ansiedad, trataba de controlar toda la situación lo más posible. Pensaba que si controlaba todo, desde las citas amorosas de su exmujer hasta las reglas que ella ponía en su casa, se sentiría mejor.

Por lo general, el tratar de controlar todo empieza como una forma de manejar la ansiedad. Si sabes que tienes todo bajo control, ¿de qué te preocupas? En vez de concentrarte en manejar tu ansiedad, intentas controlar tu entorno.

El deseo de componer todo también puede venir de una especie de complejo de superhéroe. Seguimos en la creencia errónea de que si intentamos con las suficientes ganas o el suficiente esfuerzo, todo resultará de la manera que queremos. En vez de delegar una tarea a un compañero de trabajo o confiar en tu esposo para que haga un mandado, muchas veces preferimos hacerlo nosotros mismos para asegurarnos de que estará "bien hecho" porque no confiamos en las capacidades de los demás.

LOCUS **DE CONTROL**

El decidir lo que está bajo tu control y lo que no depende mucho de tu sistema de creencias, es decir, sobre tu percepción de dónde se localiza la causa de los acontecimientos de tu vida. La psicología se refiere a esto como tu *locus* de control. La gente con un *locus* externo cree que sus vidas dependen mucho del destino. Y es más propensa a creer "lo que quiera que sea, será."

La gente con un *locus* de control interno cree que tiene control completo sobre su futuro. Toma la responsabilidad completa por los éxitos y fracasos de su vida. Cree que tiene la habilidad de controlar todo, desde su futuro financiero hasta su salud.

Como dije, tu *locus* de control determinará cómo ves tus circunstancias. Imagina una persona que asiste a una entrevista de trabajo. Cumple con los requisitos, educación y experiencia que busca la compañía. Pero, pocos días después de la entrevista, le llaman para decirle que no obtuvo el empleo. Si su *locus* de control es externo pensará: "De seguro personas sobrecalificadas compitieron para el puesto. Bueno, de todos modos no era el trabajo indicado para mí." Si es interno, es más probable que piense: "Seguro no causé una buena impresión. Sabía que debía volver a hacer mi currículo. Necesito mejorar mis habilidades en las entrevistas."

Muchos factores influyen en la ubicación de tu control. Las experiencias de tu infancia juegan un rol importante. Si creciste en una familia donde se valora el trabajo duro, tal vez te inclinarás más hacia el *locus* de control interno porque crees que el esfuerzo da buenos resultados. Pero si creciste con padres que te decían cosas como: "Tu opinión no vale en este mundo" o "No importa lo que hagas, el mundo siempre te limitará" es más seguro que desarrolles uno externo.

Tus experiencias por la vida también influyen en tu *locus* de control. Si tienes éxito cuando trabajas con ahínco, verás que tienes mucho control sobre los resultados. Pero si sientes que no importa lo que hagas, las cosas no salen bien, sentirás que tienes menos.

Muchas veces se ha idealizado el *locus* de control interno como la "mejor" forma de ser. Ideas como "si te concentras puedes lograr lo que sea" han sido valoradas en muchas culturas. De hecho, las personas con un alto sentido de control a menudo son grandes CEOs porque creen en su habilidad para hacer una diferencia. A los doctores les gusta tener pacientes con un *locus* de control interno fuerte porque hacen todo lo posible para tratar y prevenir la enfermedad. Pero también hay desventajas potenciales en creer que puedes controlar *todo*.

EL PROBLEMA DE GASTAR TU ENERGÍA
EN COSAS QUE NO PUEDES CONTROLAR

James desperdiciaba mucho tiempo, energía y dinero tratando de cambiar la situación de la custodia a pesar de que sus repetidas apariciones en la Corte no influenciaban la decisión del juez. Aunque al principio pensaba que si hacía un esfuerzo mayor para controlar la situación reduciría su estrés, a largo plazo, su estrés aumentaba cada vez que fallaba en sus intentos por ganar más control. Además de que todo eso afectaba el trato con su hija. En vez de disfrutar el tiempo que pasaban juntos y concentrarse en nutrir su relación, todo el tiempo la interrogaba para saber más sobre lo que pasaba en la casa de su madre. Hay muchos problemas asociados a tratar de controlar todo:

- *Intentar mantener un dominio completo incrementa la ansiedad.* Los esfuerzos para manejar la ansiedad tratando de controlar todo a tu alrededor te saldrán contraproducentes. Entre más fracases, te volverás más ansioso. Esto te puede llevar a sentimientos de ineptitud porque verás que no puedes controlar el resultado por completo.

- *Gastas tiempo y energía.* Preocuparte por cosas fuera de tu control consume tu energía mental. Desear que las circunstancias fueran diferentes, tratar de convencer a la gente de que haga las cosas a tu modo y esperar prevenir cualquier daño es exhaustivo. Te quita la energía que podrías usar de manera activa para resolver problemas y asuntos que sí puedes controlar.

- *Ser un "controlador obsesivo" daña las relaciones.* Decirle a la gente lo que debe hacer o cómo hacerlo no te dejará muchos amigos. De hecho, muchas personas con problemas de control sufren para acercarse a la gente porque no confían ningún tipo de responsabilidad a los otros.

- *Juzgas a los demás de forma injusta.* Si le das todo el crédito de tu éxito a tus habilidades, criticarás a la gente que no ha logrado lo mismo. De hecho, la gente con un *locus* de control interno fuerte sufre de soledad porque le molesta que los demás no cumplan sus estándares.

- *Te culpas de todo.* No puedes prevenir que pasen cosas malas todo el tiempo. Pero si piensas que todo está dentro de tu control, creerás que eres directamente responsable cada vez que la vida no va de acuerdo con tu plan.

DESARROLLA UN SENTIDO BALANCEADO DE CONTROL

James no podía avanzar hasta que aceptara que no tenía el control sobre la situación de la custodia. Cuando lo reconoció y lo aceptó, se concentró en las cosas que sí podía dominar, como mejorar la relación con su hija. Además quería enfocarse en establecer una relación, por lo menos cordial, con su exesposa, pero para eso necesitaba recordar que no podía controlar lo que pasaba en su casa. Claro que si identificaba cualquier señal de que su hija fuera lastimada, podría actuar, pero comer helado y desvelarse no eran el nivel de peligro que haría que el juez le diera la custodia.

Los que dan en el blanco del balance correcto de control reconocen cómo sus comportamientos pueden afectar sus oportunidades de éxito, pero también identifican cómo los factores externos (por ejemplo, estar en el lugar correcto a la hora correcta) también juegan un rol importante. Los investigadores descubrieron que estas personas tienen un *locus* de control dual, es decir, no es por completo interno o externo. Para lograr este balance en tu propia vida, revisa tus creencias sobre lo que en verdad puedes controlar y lo que no. Toma nota de las veces que dedicas demasiada energía a la gente y a las circunstancias que simplemente no puedes cambiar. Recuerda que hay muchas cosas que no puedes controlar:

- Puedes dar una buena fiesta, pero no puedes decidir si la gente se divertirá.

- Puedes darles herramientas a tus hijos para que sean exitosos, pero no puedes hacer que tu hijo sea brillante.

- Puedes dar lo mejor de ti en el trabajo, peo no puedes obligar a tu jefe para que te reconozca.

- Puedes vender un gran producto, pero no puedes dictar quién lo va a comprar.

- Puedes ser la persona más inteligente del lugar, pero no puedes controlar si la gente escoge seguir tu consejo.

- Puedes insistir, rogar y hacer tratos, pero no puedes forzar a tu pareja para que actúe diferente.

- Puedes tener la actitud más positiva del mundo, pero no hará que desaparezca el diagnóstico de una enfermedad terminal.

- Puedes controlar cuánto te cuidas, pero no siempre puedes prevenir enfermedades.

- Puedes controlar lo que haces, pero no a tus competidores.

IDENTIFICA TUS MIEDOS

En 2005 le diagnosticaron mesioteloma maligno a Heather Von St. James. Cuando era niña le gustaba usar el chaleco de trabajo de su padre para jugar. Ese chaleco siempre estuvo expuesto al asbesto (material ligado a este cáncer) lo que explica por qué Heather, a sus treinta y seis años, tiene un padecimiento conocido como la "enfermedad de los viejos."

Al principio los doctores le dieron cinco meses de vida. Con radiación y quimioterapia dijeron que podría alargarse hasta cinco años. Pero fue la primera candidata a una extirpación de pulmón y aunque la cirugía era riesgosa, era su mejor oportunidad para sobrevivir.

Heather decidió someterse a la extensa cirugía que removería el pulmón afectado y el revestimiento que lo cubre, además de reemplazar la mitad de su diafragma y el revestimiento de su corazón con Gore-Tex quirúrgico. Estuvo hospitalizada un mes después de la cirugía. Cuando la dieron de alta, se quedó en casa de sus padres unos meses para que su esposo regresara a trabajar y ella pudiera cuidar a su bebé. Tres meses después, Heather regresó a casa y se sometió de nuevo a radiación y quimioterapia. Tardó casi un año en sentirse bien, y hasta la fecha sigue libre de cáncer. A pesar de que se le dificulta respirar cuando hace algún esfuerzo físico (porque sólo tiene un pulmón) considera que fue un precio mínimo a pagar.

Para conmemorar el aniversario del día que le removieron el pulmón, Heather celebra su "Lung Leavin' Day" el dos de febrero de cada año. En este día reconoce sus miedos sobre las cosas que no puede controlar, como la posibilidad de que regrese el cáncer. Con un plumón escribe estos miedos en un plato y luego los deja ir de manera simbólica al destruir el plato en una fogata. En pocos años la celebración ha crecido. En la actualidad asisten más de 80 amigos y familiares. Los invitados se unen a escribir sus propios miedos y romper sus platos en la gran fogata. Además se han convertido en recaudadores de fondos para la investigación del mesotelioma.

"El cáncer te hace sentir fuera de control por completo", reconoce Heather. Aunque en la actualidad está libre de cáncer, admite que sigue temerosa de que su hija tal vez tenga que crecer sin una madre. Pero eligió enfrentar estos miedos escribiendo lo que más le asusta y reconociendo que esas cosas están fuera de su control. Así, elige concentrar sus esfuerzos en lo que puede controlar, por ejemplo vivir al máximo cada día.

Ahora Heather trabaja como defensora de los pacientes de mesotelioma. Habla con los recién diagnosticados y les ayuda a lidiar con sus miedos sobre el cáncer. También da discursos de apertura en conferencias y reparte su mensaje positivo de esperanza y curación.

Cuando te descubras tratando de controlar cosas que no puedes, pregúntate: "*¿A que le tengo miedo?* ¿Te preocupa que alguien más vaya a tomar una mala decisión? ¿Te angustia que algo será terrible? ¿Te aterra no ser exitoso? Reconocer tus miedos y entenderlos te ayudará a examinar lo que puedes controlar y lo que no.

CONCÉNTRATE EN LO QUE PUEDES CONTROLAR

Después de identificar tus temores, determina lo que puedes controlar. Ten en cuenta que a veces la única cosa sobre la que puedes mandar es tu comportamiento y actitud.

No puedes controlar lo que le pasa a tus maletas después de entregarlas a la recepcionista de la aerolínea en el aeropuerto. Pero sí tienes dominio de lo que empacaste en tu equipaje de mano. Si traes tus pertenencias más importantes y un cambio extra de ropa contigo, no sentirás que es la más terrible de las emergencias el que tus maletas no lleguen a tiempo a tu destino. Al concentrarte en lo que puedes controlar, es mucho más fácil dejar de preocuparte por lo que no.

Cuando notes que tienes mucha ansiedad por una situación, haz lo posible por manejar tu reacción e influenciar el resultado. Pero reconoce que no puedes controlar a otras personas y no puedes tener el dominio completo sobre el resultado final.

INFLUYE EN LA GENTE SIN TRATAR DE CONTROLARLA

Jeny tenía veinte años cuando decidió dejar la escuela. Después de un par de años trabajando por conseguir un título en educación, resolvió que en realidad no quería ser maestra de matemáticas. Para el horror de su madre, ella quería dedicarse a las artes.

Todos los días la madre de Jenny la llamaba para decirle que estaba arruinando su vida. Era claro que nunca apoyaría su decisión de abandonar la universidad. Incluso amenazó con cortar todo contacto si no regresaba "al buen camino".

Jenny pronto se sintió mal por las críticas diarias. Le dijo muchas veces que no regresaría a esa carrera y que sus insultos y amenazas no la harían cambiar de opinión. Pero la señora persistía porque le preocupaba el tipo de futuro que su hija tendría como artista.

Con el tiempo, Jenny dejó de contestarle el teléfono. También dejo de ir a cenar a casa. Después de todo, no era agradable escuchar a su madre regañándola sobre cómo los desertores, bohemios y artistas esperanzados nunca triunfan en el mundo real. Aunque Jenny era un adulto, su madre quería controlar lo que hacía. Para ella era muy doloroso sentarse al margen y ver que su hija tomaba decisiones "irresponsables". Imaginaba que siempre estaría arruinada, infeliz y luchando por sobrevivir. Creía de manera equivocada que podía controlar lo que Jenny hacía con su vida. Por desgracia, sus intentos por controlarla arruinaron su relación sin lograr que hiciera algo diferente.

Es difícil sentarse a ver cómo otras personas se enganchan en un comportamiento que no aprobamos, en especial si es algo que vemos como autodestructivo. Pero pedir, rogar y fastidiar realmente no dará los resultados que queremos. He aquí algunas estrategias para influir en los otros sin tratar de forzarlos a cambiar:

- *Escucha antes de hablar.* Muchas veces, la otra persona está menos a la defensiva si siente que te tomas el tiempo para escuchar lo que tiene que decir.

- *Comparte tus opiniones y preocupaciones, pero sólo una vez.* Repetir tu incomodidad o inquietud muchas veces no hará que tus palabras sean más efectivas. De hecho, puede ser contraproducente.

- *Cambia tu comportamiento.* Si una esposa no quiere que su esposo beba, vaciar sus latas de cerveza en el drenaje no lo motivará a dejar de hacerlo. Pero puede decidir pasar tiempo con él cuando está sobrio y alejarse cuando beba. Si el señor disfruta el tiempo que pasa con ella, tal vez prefiera mantenerse sobrio más seguido.

- *Señala lo positivo.* Si alguien está haciendo un esfuerzo genuino para crear un cambio (desde dejar de fumar hasta hacer ejercicio) dale una verdadera felicitación. Sólo no exageres o digas algo como: "¿Ya ves? Te dije que te sentirías mejor si dejabas de comer toda esa chatarra." Cumplidos con doble intención o un "Te lo dije" no motivan al cambio.

PRACTICA LA ACEPTACIÓN

Imagina a un hombre atorado en un embotellamiento. El tráfico no se ha movido desde hace veinte minutos y se le está haciendo muy tarde para llegar a una reunión. Empieza a gritar, decir groserías y golpear el volante. Quiere tener las cosas bajo control a tal grado que no puede tolerar en absoluto que se le esté haciendo tarde. Piensa: "Esta gente debería desaparecer de mi camino. Es ridículo que haya tanto tráfico a esta hora de la tarde."

Contrasta a este hombre con el del carro de al lado. Éste mejor prende el radio y escoge su estación favorita para cantar mientras espera. Piensa: "Llegaré cuando pueda." Usa su tiempo y energía con inteligencia porque sabe que no puede controlar el tráfico. Más bien, se dice: "Todos los días hay millones de carros en esta avenida. A veces los embotellamientos pasan."

Estas personas podrían elegir hacer algo diferente en el futuro para evitar el tráfico. Podrían levantarse más temprano, tomar una ruta diferente, usar el transporte público, revisar el reporte vehicular con anticipación o hasta empezar un movimiento para cambiar el sistema vial de su ciudad. Pero, por ahora, sólo tienen la opción de aceptar que están atorados en el embotellamiento o sentir que están justo en medio de una injusticia de la vida.

Aunque no te guste la situación en la que estás, tienes la opción de tolerarla. Por ejemplo, puedes aceptar que tu jefe es un malvado, que tu madre no te apruebe o que tus hijos no se esfuercen para ser triunfadores. Esto no quiere decir que no puedas hacer algo al respecto, pero significa que dejes de forzarlos a ser diferentes.

DEJAR DE CONTROLAR TE HARÁ MÁS FUERTE

Terry Fox tenía dieciocho años cuando le diagnosticaron osteosarcoma. Los doctores le amputaron una pierna pero le advirtieron que sus probabilidades de vida eran del 50 por ciento. También le aclararon que los mayores avances en el tratamiento del cáncer se habían hecho en los últimos años. Justo dos años antes, la tasa de supervivencia para este tipo de cáncer sólo era del 15 por ciento.

A las tres semanas de su cirugía, Fox caminaba con ayuda de una prótesis. Sus doctores pensaron que tal vez su actitud positiva tuvo que ver con su rápida recuperación. Se sometió a dieciséis meses de quimioterapia y durante esa época conoció a muchos otros pacientes que se estaban muriendo de cáncer. Para cuando terminó su tratamiento, decidió difundir la necesidad de tener más financiamiento para la investigación sobre el cáncer.

La noche anterior a que le amputaran la pierna leyó la historia de un hombre que había corrido el maratón de Nueva York con una prótesis. El artículo lo inspiró para empezar a correr tan pronto como fuera físicamente posible. Corrió su primer maratón en Columbia Británica y a pesar de terminar en último lugar, encontró mucho apoyo en la línea de meta.

Después de completar el maratón, Fox trazó un plan para recaudar fondos. Decidió atravesar Canadá corriendo un maratón cada día. Al principio esperaba juntar un millón de dólares canadienses de caridad, pero pronto elevó sus expectativas. Quería un dólar por cada persona en el país, lo que daba un gran total de veinticuatro millones de dólares.

En abril de 1980, salió a correr cuarenta y dos kilómetros diarios. Conforme se iba difundiendo el mensaje y la noticia de su travesía, aumentó el apoyo. Las comunidades empezaron a preparar grandes recepciones para celebrar la llegada a su pueblo. Le pedían que diera discursos y la cantidad de dinero acumulada iba aumentando.

Fox corrió la fabulosa cantidad de 143 días. Pero su carrera tuvo que terminar porque no podía respirar y le dolía mucho el pecho. Lo llevaron al hospital y los doctores confirmaron que el cáncer había regresado y se había extendido a los pulmones. Después de correr 5 373 kilómetros, tuvo que parar.

En el momento de su hospitalización, su viaje había recaudado 1.7 millones de dólares canadienses (21 500 000 pesos). Pero cuando circularon las noticias de su hospitalización, ganó más apoyo. Un maratón televisivo de cinco horas juntó 10.5 millones de dólares. Las donaciones continuaron y en la primavera siguiente, Fox había reunido alrededor de 23 millones de dólares. Aunque intentaron varios tratamientos, el cáncer siguió expandiéndose y murió el 28 junio de 1981.

Fox entendió que no podía controlar todos los aspectos de su salud. No podía evitar que la gente se enfermara de cáncer.

Ni siquiera podía evitar que su enfermedad se expandiera en su propio cuerpo. Pero en vez de concentrarse en todo eso, decidió poner su energía en las cosas que sí podía controlar.

En la carta donde pedía apoyo antes de su carrera, Fox dejó claro que no pensaba que sus acciones curarían el cáncer, pero sabía que harían una diferencia: "Puedo hacer la carrera aunque tenga que arrastrarme el último kilómetro", dijo.

Su decisión de hacer algo que parecía inimaginable le dio un propósito que continúa hasta nuestros días. Cada año, países de todo el mundo participan en la Carrera Terry Fox. Se han recaudado alrededor 650 millones en su honor.

Verás que cuando dejes de controlar todos los aspectos de tu vida, tendrás más tiempo y energía para dedicarlas a las cosas que sí puedes controlar. He aquí algunos de los beneficios que experimentarás:

- **Aumento de la felicidad.** El máximo nivel de alegría se logra cuando la gente tiene un centro neurálgico de control balanceado. Las personas que entienden que pueden dar muchos pasos para controlar sus vidas mientras reconocen las limitaciones de sus habilidades, son más felices que los que piensan que pueden controlarlo todo.

- **Mejores relaciones.** Cuando abandonas tu necesidad de dominar, es más probable que establezcas mejores relaciones. Tendrás menos problemas de confianza y darás la bienvenida a más gente en tu vida. Estarás más dispuesto a pedir ayuda y los demás te verán menos criticón. Las investigaciones muestran que la gente que deja de controlar todo experimenta un sentido más amplio de pertenencia y comunidad.

- **Menos estrés.** Cuando dejas de llevar a todos lados el peso del mundo, te sientes menos estresado. Tal vez experimentes más ansiedad a corto plazo, pero a la larga tendrás metros estrés y ansiedad.

- **Nuevas oportunidades.** Cuando tienes una gran necesidad por controlar, estarás menos propenso a recibir el cambio en tu vida porque no hay garantías de un resultado positivo. Si eliges dejar de controlar todo, aumentará tu confianza en tu habilidad para manejar las nuevas oportunidades.

- **Mayor éxito.** Aunque la mayoría de la gente que quiere controlar todo tiene un deseo profundo de ser exitosa, tener un *locus* de control interno puede interferir con sus probabilidades de éxito. Las investigaciones muestran que al concentrarte demasiado en asegurar el éxito, puedes pasar por alto las oportunidades que te ayudarían a avanzar. Cuando olvidas tu deseo de controlar todo, estás más dispuesto a ver alrededor y puedes reconocer la buena suerte que aparece en tu camino (aún si no está directamente relacionada con tu proceder).

CONSEJOS PARA SOLUCIONAR EL ERROR

Si te concentras en lo que está mal con el mundo, sin ver cómo puedes controlar tu actitud y comportamiento, te atascarás. En vez de gastar energía tratando de prevenir una tormenta, concéntrate en cómo puedes prepararte para sortearla.

ES ÚTIL

- Delegar tareas y responsabilidades a los demás.

- Pedir ayuda cuando la necesitas.

- Concentrarte en resolver problemas que están dentro de tu control.

- Mantener el énfasis en influenciar a otros en vez de en molestarlos.

- Balancear tus pensamientos entre lo que puedes controlar y lo que no.

- No depender sólo de ti mismo para obtener un resultado completo.

NO ES ÚTIL

- Insistir en que "cuando quieres algo bien hecho, lo tienes que hacer tú mismo."

- Decidir hacer todo por tu cuenta porque piensas que debes ser capaz de lograr cosas sin ayuda.

- Gastar tiempo tratando de descubrir cómo cambiar las cosas que están fuera de tu alcance.

- Tratar de forzar a los demás para que hagan lo que piensas que deberían, sin importar cómo se sientan.

- Pensar sólo en lo que puedes hacer para que las cosas resulten de la manera que quieres.

- Tomar la responsabilidad completa por el resultado final sin reconocer otros factores que influyen en él.

CAPÍTULO 5

NO SE PREOCUPAN POR COMPLACER A LOS DEMÁS

> **Preocúpate por lo que otros piensen de ti
> y siempre serás su prisionero.**
>
> *LAO TZU*

Megan llegó a mi consultorio porque se sentía demasiado estresada y agobiada. Las horas del día no le alcanzaban para acabar todo lo que tenía que hacer.

A sus treinta y cinco años estaba casada y tenía dos hijos pequeños. Trabajaba medio tiempo como catequista y era la líder de las niñas scout. Se esforzaba por ser una buena esposa y madre, pero sentía que no hacía un buen trabajo. A veces, estaba irritable y gruñona con su familia sin saber por qué.

Entre más hablaba, más claro tenía que no sabía decir "no". Muchas veces, los miembros de la iglesia le llamaban el sábado para pedirle que hiciera muffins para la misa del domingo en la mañana. Otras veces, los papás de las niñas scout le pedían que recogiera a sus hijas si ellos no podían salirse del trabajo.

Y también cuidaba a sus sobrinos para que su hermana no tuviera que gastar en una niñera. Incluso tenía una prima *que le pedía favores y que siempre parecía tener un problema de último minuto, llamaba para pedir desde dinero hasta ayuda para arreglar algunas cosas de su casa. Megan ya no le contestaba el teléfono porque sabía que siempre era para pedir algo.*

Me comentó que su regla número uno era nunca decirle que no a la familia. Por eso cada vez que su prima le llamaba para un favor o su hermana le pedía que cuidara a sus sobrinos, en automático respondía que sí. Cuando le pregunté por el impacto que tenía todo esto en su esposo e hijos, me dijo que a veces significaba no estar en casa a tiempo para cenar o acostar a los niños. Sólo admitir esto en voz alta, le ayudó para darse cuenta de porqué decir que sí a la familia extensa significaba decirle que no a su familia nuclear. Aunque valorara a los primeros, su esposo e hijos eran más importantes y decidió que necesitaba empezar a tratarlos así.

También revisamos su deseo de complacer a todos. Su mayor miedo era que las demás personas la creyeran egoísta. Pero después de algunas terapias empezó a reconocer que su necesidad de caerle bien a todos era mucho más egoísta que decir que no. No ayudaba a los demás para mejorar sus vidas, lo hacía porque quería llevarse el reconocimiento. Cuando cambió la manera en que pensaba que le agradaría a todo el mundo, fue capaz de transformar su comportamiento.

Le tomó algo de práctica poder decir "no" a las personas. De hecho, no estaba muy segura de cómo hacerlo. Creyó que necesitaba excusas, pero no quería mentir. Entonces la alenté a sólo decir cosas como "No, hoy no puedo", sin dar mayor explicación de por qué. Empezó a negarse y descubrió que entre más lo decía era más fácil. A pesar de que creyó que las personas se molestarían notó que no parecía importarles mucho. Cuando estuvo más tiempo con su familia, se sentía menos irritable. Bajó su nivel de estrés y después de decir que no unas cuantas veces, se sintió menos presionada por complacer a todos.

SIGNOS DE LA GENTE COMPLACIENTE

En el capítulo 2 discutimos que regalar tu poder se trata de evitar que otras personas controlen cómo te sientes. Pues bien, este capítulo se trata de evitar que tú controles cómo se sienten las otras personas. ¿Dices que sí a alguno de estos puntos?

- ☐ Te sientes responsable por cómo se sienten los demás.
- ☐ El pensar que alguien puede enojarse contigo te hace sentir incómodo.
- ☐ Tiendes a ser presa fácil.
- ☐ Crees que es más fácil estar de acuerdo con los demás que expresar una opinión contraria.
- ☐ Es común que te disculpes por algo, aunque no creas que estuvo mal.
- ☐ Haces un gran esfuerzo para evitar los conflictos.
- ☐ Casi nunca le dices a las personas cuando te ofendieron o lastimaron.
- ☐ Tiendes a decir que sí cuando te piden favores, aunque en realidad no quieras hacerlos.

☐ Cambias tu comportamiento basándote en lo que crees que quieren los demás.

☐ Gastas demasiada energía tratando de impresionar a todos.

☐ Cuando haces una fiesta, si tus invitados no parecen divertirse te sientes responsable.

☐ Es común que busques la aprobación y el reconocimiento de las personas que te rodean.

☐ Cuando alguien a tu alrededor está decepcionado, tomas como tuya la responsabilidad de hacerlo sentir mejor.

☐ No quieres que los demás piensen que eres egoísta.

☐ Es común que te sientas saturado y abrumado por todas las cosas que tienes que hacer.

¿Te suena familiar alguno de esos ejemplos? Intentar ser una "buena persona" puede salir contraproducente si tu comportamiento se transforma en complaciente. Puedes pagar un precio muy alto en todas las áreas de tu vida y esto dificulta que alcances tus metas. Puedes ser una persona amable y generosa sin tratar de complacer a todos.

¿POR QUÉ TRATAMOS DE SER COMPLACIENTES?

Megan se esforzó para forjarse la reputación de alguien que siempre ayuda a los demás. Su autoestima se alimentaba de cómo la percibían las otras personas. Fue muy lejos para hacer feliz a la gente porque en su mente las alternativas (encontrarse en medio de un conflicto, sentirse rechazada o perder algunas relaciones) eran mucho peores que lo exhausta que se sentía física y emocionalmente.

MIEDO

El conflicto y la confrontación pueden ser incómodos. Por lo general nadie disfruta sentarse en una reunión en medio de dos compañeros de trabajo que están discutiendo. ¿Y quién quiere ir a una reunión familiar cuando todos se la pasan peleando? Si tenemos miedo a los conflictos, pensamos: "Si puedo hacer que todos estén felices, todo saldrá bien."

Cuando alguien complaciente ve que un carro se le acerca muy rápido, tal vez acelera porque piensa: "Esa persona tiene prisa. No quiero hacerla enojar si voy muy lento." Los complacientes también pueden temer al rechazo y el abandono. *Si no te hago feliz, no vas a quererme.* Se sienten mejor con los elogios y la tranquilidad de los demás, y si no reciben el reconocimiento que esperan, cambian su comportamiento para tratar de hacerlos felices.

COMPORTAMIENTO APRENDIDO

A veces el deseo de evitar los conflictos proviene de la niñez. Si te criaron unos padres que discutían a cada rato, tal vez aprendiste que el conflicto es malo y que mantener a la gente feliz es la mejor manera de evitar una pelea.

Es común que los hijos de padres alcohólicos, por ejemplo, cuando crecen se vuelvan personas complacientes porque así es más fácil lidiar con un padre de comportamiento poco predecible. En otros casos, hacer cosas buenas era la única manera de tener atención.

Poner primero a los demás también es una forma de creer que te necesitan y sentirte importante. Piensas: "Valgo la pena si puedo hacerlos felices." Por lo que invertir tu energía en la vida y sentimientos de los otros se vuelve un hábito.

Muchos de mis pacientes dicen que deben comportarse como esclavos, porque eso dice la Biblia. Pero estoy segura de que también dice "ama a tu prójimo como a ti mismo", es decir igual, no mejor. La mayoría de las religiones te encaminan a tener el coraje suficiente para vivir de acuerdo con tus valores, incluso si eso desagrada a otras personas.

EL PROBLEMA CON LAS PERSONAS COMPLACIENTES

Megan perdía de vista sus valores por el deseo de servir a los demás. No cubría sus necesidades y eso afectaba su estado de ánimo. Se dio cuenta de lo mucho que sus intentos por complacer a otros afectaban a su familia cuando (después de unas cuantas terapias) su esposo le dijo: "Siento que mi antigua Megan regresó."

NO SIEMPRE TUS SUPOSICIONES SON CIERTAS

Sally le dice a Jane que la acompañe a ir de compras. La única razón de invitarla es porque Jane le dijo que fueran a tomar un café la semana pasada y Sally piensa que sería lindo corresponderle, aunque espera que se niegue porque sólo quiere ir al centro comercial por unos zapatos y no quiere tardarse tanto. Sabe que si Jane accede, lo más probable es que quiera estar comprando cosas por horas.

De hecho, Jane no quiere ir. Tiene otros pendientes que hacer y unas cosas que arreglar en casa. Pero no quiere herir los sentimientos de Sally. Así que cuando la invita a ir de compras, acepta.

Ambas creen que están haciendo algo que complace a la otra. Pero es claro que no tienen idea de lo que la otra quiere. Y al final su "intento de ser agradable" causa más molestias. Pero ninguna de las dos tiene el coraje de hablar y decir lo que en realidad desea.

Muchos de nosotros nos equivocamos al creer que comportarnos de manera complaciente prueba que somos generosos. Pero cuando lo piensas, el tratar de complacer a todos no es un acto desinteresado. Es bastante egocéntrico. Asumes que todo el mundo te pone atención y se da cuenta de todo lo que haces. También crees que tienes el poder de controlar lo que sienten otras personas.

Si todo el tiempo haces cosas para que los demás se sientan felices y no crees que aprecien tus esfuerzos, muy pronto tendrás resentimientos. Se filtrarán pensamientos como *hago mucho por ti, pero tú no haces nada por mí*, los cuales dañarán tu relación.

LA GENTE COMPLACIENTE DAÑA LAS RELACIONES

Angela no trataba de complacer a todos, sólo al hombre con el que tenía una cita. Si a éste le gustaban las mujeres con sentido del humor, contaba un chiste. Si decía que prefería que fueran espontáneas, le contaba del viaje de último minuto que hizo a Francia el verano pasado. Si decía que le gustaban las chicas inteligentes, contaba el mismo viaje pero esta vez diciendo que había ido porque quería ver obras de arte.

Hacía todo lo posible para verse más atractiva ante el hombre con el que estaba saliendo. Sentía que si decía suficientes cosas que lo complacieran, saldrían una segunda vez. Nunca pensó en las consecuencias a largo plazo de su personalidad siempre cambiante. En algún punto, no fue capaz de complacer a nadie lo suficiente para estar con ella.

Ningún hombre respetable quiere salir con una mujer que sólo es una apariencia y se comporta como un títere. De hecho, muchas de sus citas se aburrían muy rápido porque ella siempre estaba de acuerdo con todo lo que decían. Sus intentos de decir lo que ellos querían oír eran muy notorios.

Angela tenía miedo de que al estar en desacuerdo o tener una opinión contraria, ellos perdieran el interés (lo que revelaba su falta de confianza). Pensaba: "No querrás tenerme cerca a menos que haga lo que quieres." Si en realidad te interesas por alguien y crees que a esa persona también le interesas, debes tener la capacidad de decirle la verdad. Sabes que aunque no le guste algo que digas o hagas, debe disfrutar tu compañía.

Es imposible que siempre hagas felices a todos los que te rodean. Tal vez tu suegro te pida ayuda en un proyecto. Pero si vas, tu esposa se enojará porque ya habían quedado en almorzar juntos. Cuando las personas complacientes enfrentan una decisión como ésta, se arriesgan a no cumplir con la persona más cercana a ellos. Saben que su esposa en algún momento perdonará la ofensa. Lo malo es que esto lleva a que las personas que más aman se sientan heridas o enojadas.

¿No debería ser lo contrario? ¿No deberíamos trabajar más en las relaciones más íntimas y especiales?

¿Has conocido a alguien que se comporta como un mártir? Los intentos de esas personas de complacer a los demás de hecho se vuelven molestos. Siempre dicen cosas como "Yo hago todo" o "Si no lo hago, nadie lo hace." Los mártires se arriesgan a ser personas enojadas y amargadas cuando tratan de hacer felices a los demás.

No importa si te sientes culpable de pensar que eres un mártir o si sólo tienes problemas con decir "no" porque temes herir los sentimientos de los demás, no hay garantía de agradar a las personas sólo por complacerlas. Más bien, tal vez empiecen a sacar ventaja de ti sin crear una relación más profunda, basada en la confianza y el respeto mutuo.

LAS PERSONAS COMPLACIENTES PIERDEN DE VISTA SUS VALORES

Bronnie Ware, una enfermera australiana que pasó años trabajando con pacientes terminales, dice que ser complacientes es uno de los mayores remordimientos que escuchó de ellos. En su libro *Los cinco mandamientos para tener una vida plena,* explica cómo estas personas muchas veces dicen que desearían haber vivido una vida más auténtica. En lugar de vestirse, actuar y hablar para agradar a otros, quisieran haber sido más sinceros con ellos mismos.

Incluso hay una investigación publicada en el *Journal of Social and Clinical Psychology* que muestra que las personas placenteras tienden a comer más cuando creen que eso hará más felices a quienes las rodean. Son capaces de sabotear

su propia salud si creen que con eso pueden ayudar a otros, aunque no tengan evidencia de que los demás ponen atención a lo que comen.

Las personas complacientes son un obstáculo para que alcances todo tu potencial. Aunque este tipo de personas sólo quieren la aceptación de los otros, por lo general no quieren ser los mejores en nada porque temen que al hacerlo puedan dañar los sentimientos de otras personas. Alguien puede negar que lo promuevan porque se siente incómodo de tomar el crédito por el trabajo que hizo. O una mujer a la que se acerca un hombre atractivo tal vez decida no ser amigable con él porque no quiere que su amiga se sienta mal.

No importa cuáles sean tus valores, pues dejarás de comportarte de acuerdo con ellos si primero te concentras en complacer a los demás. Perderás muy rápido el sentido de lo correcto y sólo tratarás de hacer felices a otros. Sólo porque es una decisión que toman muchas personas no significa que sea correcta.

EVITA SER UNA PERSONA COMPLACIENTE

Decir que sí de manera automática se volvió un hábito para Megan. Por eso le ayudé a desarrollar un mantra en el que repetía: "Decir 'sí' a los demás significa decir 'no' a mi esposo y a mis hijos." Supo que estaba bien decir que sí a algunas cosas sin que su esposo e hijos se vieran afectados de manera negativa. Simplemente no podía decir "sí" todo el tiempo porque su familia y su humor lo sufrirían.

DETERMINA A QUIÉN QUIERES COMPLACER

Si quieres tener éxito en alcanzar tus metas, debes definir tu camino, no sólo hacer lo que los demás quieren. El CEO de Craiglist, Jim Buckmaster, sabe la importancia de esto por experiencia propia.

Buckmaster se convirtió en CEO de Craiglist en el año 2000. Mientras otros *websites* estaban invirtiendo en publicidad, su compañía no lo hacía. De hecho, había rechazado varias oportunidades de generar ingresos. Más bien, Buckmaster y su equipo decidieron mantener el *website* simple y sólo cobrarles a los usuarios de algunos tipos específicos de entradas. La mayor parte de las listas generadas por los usuarios ha permanecido como un servicio gratuito hasta la fecha. De hecho, la compañía ni siquiera tiene un equipo de *marketing*.

Craiglist recibió una gran respuesta negativa por esta decisión y Buckmaster fue el blanco de muchas críticas. Lo acusaron de ser anticapitalista, incluso lo llamaban "anarquista social". Pero no intentó complacer a nadie. Más bien continuó dirigiendo Craiglist como siempre lo había hecho.

Su disposición de ir contracorriente y prevenir a la compañía de depender demasiado de la publicidad fue lo que la mantuvo funcionando. Sobrevivió a la crisis del puntocom con facilidad y continúa siendo uno de los *websites* más populares del mundo. Craiglist está valuado en por lo menos en cinco mil millones de dólares. Al no preocuparse tratando de complacer a todos, Buckmaster fue capaz de mantener a la compañía enfocada en servir a su propósito y estar en contacto con su audiencia.

123

Antes de cambiar tu comportamiento de manera automática basado en lo que crees que quieren los demás, evalúa tus pensamientos y sentimientos. Cuando dudes si deberías expresar tu opinión, recuerda estas verdades sobre la gente complaciente:

- *Preocuparse por complacer a los demás es una pérdida de tiempo*. No puedes controlar cómo se sienten las otras personas y entre más tiempo pienses y te preguntes si la gente será feliz, menos tiempo reflexionarás en lo que de verdad importa.

- *Los complacientes son manipulados con facilidad*. Hay gente que puede reconocer a un complaciente a kilómetros de distancia. Muchas veces, los manipuladores usan tácticas para abusar de las emociones y controlar el comportamiento de los complacientes. Ten cuidado de la gente que dice cosas como: "Sólo te pido que hagas esto porque eres el mejor en…" u "odio pedirte esto, pero…"

- *Está bien que los demás se molesten o decepcionen*. No hay razón para que la gente necesite estar feliz o complacida todo el tiempo. Cada quien tiene la habilidad de manejar una amplia variedad de sentimientos, y no es tu trabajo prevenirlos de sentir emociones negativas. Sólo porque alguien se enoje, no quiere decir que fue tu culpa o que hiciste algo mal.

- *No puedes agradar a todos*. Es imposible que todo el mundo sea feliz con las mismas cosas. Acepta que a algunas personas nada les gusta y no es tu trabajo hacerlas felices.

ACLARA TUS VALORES

Imagina una madre soltera que tiene un trabajo de tiempo completo en una fábrica. Un día, cuando despierta a su hijo para ir a la escuela, el niño le dice que se siente mal. Le revisa la temperatura y tiene fiebre. Es claro que no puede ir a la escuela.

Tiene que decidir qué hacer con él. No tiene amigas ni miembros de la familia que lo puedan cuidar. Podría llamar a su trabajo y reportarse enferma, pero no le pagarían el día si no trabaja. Si no le pagan, se le complicaría comprar la comida para la semana. Además le preocupa que al faltar pusiera su trabajo en riesgo porque ya se ha ausentado varias veces (por la mala salud de su hijo).

Decide dejarlo solo. Sabe que mucha gente tiene una opinión negativa sobre esa elección, sobre todo si el niño sólo tiene diez años. Sin embargo, sus valores le dicen que es la decisión correcta dadas las circunstancias, sin considerar cómo la juzguen los demás. No quiere decir que valore más a su trabajo que a su hijo. De hecho, valora a su familia más que a nada en este mundo, pero sabe que ir a trabajar es mejor para el bien de su familia a largo plazo.

Cuando enfrentas decisiones en la vida es importante saber cuáles son tus valores para que puedas elegir la mejor opción. Sin pensarlo mucho, ¿puedes hacer una lista de tus cinco valores más importantes? La mayoría de la gente no. Pero si no los tienes claros, ¿cómo sabes dónde enfocar tu energía para tomar las mejores decisiones? Tomarte un tiempo para determinarlos es un ejercicio que vale mucho la pena. Los valores más comunes son:

- Los niños.
- Las relaciones de pareja.
- La familia en general.
- Las creencias espirituales y/o religiosas.
- Ayudar a los demás o hacer voluntariado.
- La carrera y/o la profesión.
- El dinero.
- Tener buenos amigos.
- Cuidar la salud física.
- Tener un propósito en la vida.
- Las actividades recreativas.
- Agradar a la gente.
- La educación.

Toma tus cinco valores más importantes y ordénalos del más al menos importante. Ahora detente y reflexiona si de verdad vives de acuerdo con ellos. ¿Cuánto de tu tiempo, dinero, energía y talento le dedicas a cada uno? ¿Estás poniendo demasiado esfuerzo en algo que ni siquiera está en tu lista?

¿Pusiste complacer a los demás en tu lista? ¿Dónde? Nunca debe ir al principio. Revisar el orden de tus valores de vez en cuando te ayudará a determinar si tu vida está desbalanceada.

DATE UN MOMENTO PARA DECIDIR
SI DECIR SÍ O NO

En el caso de Megan, evitaba a su prima porque sabía que no podía negarse si le pedía un favor. Para ayudarla a decir "no" hicimos un guion. Cuando alguien le pidiera algo, respondería: "Déjame ver qué tengo que hacer y te aviso." Esto le daba un poco de tiempo para reflexionar si quería hacerlo. Entonces, podía garantizar que si aceptaba era porque quería, no sólo porque quisiera agradar a otros a expensas suyas.

Si decir "sí" de manera automática se ha vuelto un hábito en tu vida, aprende cómo evaluar tu decisión antes de responder. Cuando alguien te pide que hagas algo, pregúntate lo siguiente antes de contestar:

- ¿Quiero hacerlo? La mayoría de los complacientes ni siquiera saben lo que quieren porque están muy acostumbrados a hacer las cosas de manera automática. Tomate un momento para evaluar tu opinión.

- ¿Qué tendría que dejar para hacerlo? Si haces algo para alguien más, tendrás que dejar algo. Tal vez sea tiempo con tu familia o te costará dinero. Antes de tomar una decisión, reconoce lo que implicará decir "sí".

- ¿Qué ganaré al hacerlo? Tal vez te dará una oportunidad de mejorar tu relación o tal vez lo disfrutarás. Piensa los beneficios potenciales de decir que sí.

- ¿Cómo me sentiré al hacerlo? ¿Crees que te sentirás enojado o resentido? ¿Feliz y orgulloso? Imagina con calma cómo te sentirás para evaluar tus decisiones.

Así como Megan descubrió que no necesita tener una excusa o razón para no hacer algo, tú tampoco. Cuando quieres negarte, puedes decir algo como: "Me gustaría, pero no puedo." Si estás acostumbrado a aceptar todo, necesitarás practicar, pero ya verás que con el tiempo, decir "no" se volverá más fácil.

PRACTICA COMPORTARTE DE MANERA ASERTIVA

La confrontación no debe asustar o ser negativa. De hecho, las discusiones asertivas pueden ser muy saludables y compartir tus preocupaciones puede mejorar las relaciones. En un punto, Megan confrontó a su prima y le dijo que sentía que se aprovechaba de ella. La prima se disculpó y dijo que no tenía idea de que se sintiera así y que no volvería a pasar. A su vez, Megan aceptó su parte de responsabilidad por sus sentimientos y comportamiento, ya que nunca se negó a hacer las cosas que no quería. Megan y su prima fueron capaces de reparar su relación en lugar de permitir que se disolviera.

Si alguien se aprovecha de ti, levanta la voz, defiéndete y pide lo que necesitas. No tienes que ser exigente o grosero, más bien respetuoso y amable. Expresa tus sentimientos y apégate a los hechos. Usa enunciados en primera persona (yo), por ejemplo: "ME FRUSTRO porque siempre llegas treinta minutos tarde." Trata de evitar las frases en segunda persona (tú), por ejemplo: "Nunca LLEGAS a tiempo."

Trabajo con muchos padres que no pueden resistir cuando sus hijos no son felices. Se niegan a impedirles cosas porque no quieren que lloren o los acusen de ser malvados. No importa si hablamos de tu hijo, una amiga, un compañero de trabajo, hasta de un desconocido, a veces se siente incómodo saber que alguien está enojado contigo si no estás acostumbrado a levantar la voz y defenderte. Pero con práctica, será más fácil tolerar esta molestia y comportarte de manera asertiva.

ACEPTAR QUE NO PUEDES COMPLACER A TODOS TE HARÁ MÁS FUERTE

Mose Gingerich luchó con una decisión que la mayoría de nosotros ni siquiera imaginamos. Creció en una comunidad Amish en Wisconsin donde pasaba sus días arando el campo y ordeñando a las vacas. Pero no estaba convencido de querer ser Amish toda la vida. En una comunidad donde no se hacen preguntas, Mose cuestionaba todo lo que le habían enseñado sobre Dios y su forma de vida.

Pasó años luchando con la idea de dejar su comunidad. La forma de vida Amish era lo único que conocía. Si se iba de forma permanente, nunca más le permitirían contactar con alguien de la comunidad, incluyendo a su madre y a sus hermanos. Además ingresar al "mundo exterior" sería como entrar a una tierra lejana. Mose no tenía permitido usar comodidades modernas como computadoras o electricidad. ¿Cómo podría salir adelante por su cuenta en un mundo que no conocía?

Entrar a un mundo relativamente desconocido para Mose no era la parte que más le asustaba. Estaba más aterrorizado por irse al infierno. Siempre le advirtieron que el Dios de los Amish es el único y abandonar la comunidad significaría alejarse de Dios. Los líderes ancianos le dijeron que no había esperanza para la gente del mundo exterior. Los individuos que dejan la comunidad, pero siguen siendo cristianos sólo estaban jugando con fuego.

Mose salió de forma temporal un par de veces durante sus años de adolescente y adulto joven. Viajó por el país, aprendió sobre otras culturas Amish y probó el mundo exterior. Sus exploraciones lo ayudaron a desarrollar su propia visión del mundo y de Dios. Al final, decidió que sus visiones no concordaban con las creencias de la comunidad. Así que eligió dejar su vida Amish de una vez por todas.

Mose se creó una nueva vida en Missouri, donde experimentó muchas aventuras desde abrir su propio negocio de construcción hasta protagonizar *reality shows* en televisión. Tuvo que hacer su propio camino sin ayuda de su familia, porque ellos y toda la gente de la comunidad que lo vio crecer, ya no le hablan. Ahora, Mose aconseja a otros ex Amish jóvenes en su lucha por integrarse al "mundo exterior". Sabe por experiencia propia que encontrar un trabajo, sacar la licencia de conducir y entender las normas culturales puede ser difícil si no cuentas con ningún apoyo.

Tuve la oportunidad de preguntarle cómo tomó la decisión y me dijo que confrontándose con sus propias creencias. Se dio cuenta de que "este mundo es lo que hacemos de él, y lo que hacemos es lo que elegimos. Y las elecciones son mías. Así que escogí irme, y me uní al mundo moderno. Y cada día que despierto junto a mi esposa, mis dos hijas y mi hijastro, doy gracias a Dios por haberlo hecho."

Si Mose se hubiera concentrado en tratar de agradar a todos, seguiría viviendo en una comunidad Amish, aunque supiera que no estaba bien para él. Pero fue lo suficientemente fuerte, para salirse de todo lo que le habían enseñado y de todos los que había conocido y para hacer lo que sentía que era correcto. Está tan satisfecho con la vida que ha creado y seguro de sí mismo que tolera la desaprobación de toda la comunidad Amish.

Tus palabras y tu comportamiento deben alinearse con tus creencias antes de que puedas empezar a disfrutar una vida auténtica. Cuando dejas de preocuparte por complacer a todos y te dispones a ser lo suficientemente valiente para vivir de acuerdo con tus valores, experimentarás muchos beneficios, por ejemplo:

- *La confianza en ti mismo subirá como la espuma.* Entre más capaz seas de ver que no tienes que hacer feliz a la gente, más independencia y confianza ganarás. Estarás contento con las decisiones que tomas (aunque otras personas estén en desacuerdo con tus acciones) porque sabrás que son las correctas.

- *Tendrás más tiempo y energía para dedicarla a tus objetivos.* En vez de gastarlos tratando de convertirte en la persona que crees que los demás quieren que seas, tendrás tiempo y energía para trabajar en ti. Cuando canalizas ese esfuerzo hacia tus metas, será mucho más probable que tengas éxito.

- *Te sentirás menos estresado.* Cuando estableces límites saludables, experimentas menos estrés e irritación. Sentirás que tienes mayor control de tu vida.

- *Tendrás relaciones más saludables.* Las personas te respetarán más cuando te comportes de manera asertiva.

Tu comunicación mejorará y no tendrás enojos y resentimientos con la gente.

- *Aumentará tu fuerza de voluntad.* Un estudio interesante publicado en el *Journal of Experimental Psychology* de 2008, demostró que la gente tiene mucha más fuerza de voluntad cuando toma decisiones por su propia voluntad que cuando está intentando complacer a alguien más. Si haces algo sólo para alegrar a otro, sufrirás para alcanzar tu objetivo. Te motivarás más si estás convencido de que es la mejor opción para ti.

CONSEJOS PARA SOLUCIONAR EL ERROR

Tal vez hay ciertas áreas de tu vida en las que te es fácil actuar de acuerdo con tus valores y otras donde te descubres preocupándote en complacer a la gente. Sé consciente de las señales de alerta y trabaja en vivir una vida que concuerde con tus creencias y valores, no una que haga feliz a la mayoría.

ES ÚTIL

- Identificar tus valores y actuar de acuerdo con ellos.

- Ser consciente de tus emociones antes de decidir si respondes de manera afirmativa a una petición.

- Negarte a hacer algo que no quieres.

- Practicar la tolerancia a las emociones incómodas asociadas al conflicto y la confrontación.

- Comportarte de manera asertiva, aun cuando decir lo que piensas no sea bien recibido.

NO ES ÚTIL

- Perder de vista quién eres y cuáles son tus valores.

- Sólo considerar los sentimientos de alguien más sin pensar en tus emociones.

- Aceptar de manera automática una invitación sin considerar si es una buena elección.

- Estar de acuerdo con la gente y cumplir sus peticiones para evitar la confrontación.

- Ser un borrego, es decir, seguir a la multitud o guardarte las opiniones que están en contra de lo que piensa la mayoría de la gente.

CAPÍTULO 6

NO TEMEN ARRIESGARSE

> No seas tímido con tus acciones.
> La vida es un experimento.
> Mientras más experimentes, mejor.
> *RALPH WALDO EMERSON*

Dale trabajaba dando clases de carpintería en una preparatoria. Llevaba ahí casi treinta años y a pesar de que le gustaba, ya no lo apasionaba como antes. Soñaba con la flexibilidad, libertad y el dinero que podría ganar si abría su propia tienda de muebles. Pero cuando compartió su idea con su esposa, ella sólo volteo los ojos y lo llamó soñador.

Mientras Dale más lo pensaba, se convencía de que su esposa tenía razón. Pero ya no quería ser maestro. En parte porque estaba aburrido y en parte porque se agotaba. Sentía que no era tan eficiente como antes. Pensaba que no era justo para sus estudiantes que siguiera dando clases.

La idea de abrir un negocio no fue la primera que tuvo. Alguna vez había soñado con vivir en un velero. En otra fase de su vida quiso poner un hotel en Hawai. Nunca siguió sus ideas porque sentía que tenía que mantener a su familia. Asumió que debía dar clases hasta alcanzar la edad del retiro, aunque sus hijos ya estaban grandes y él y su esposa estaban bien en el aspecto económico.

Mientras Dale seguía de maestro empezó a batallar con su humor. Se sintió derrotado y se deprimió, algo que no había experimentado antes. Buscó ayuda porque sintió que debía haber algo mal, ya que por primera vez no estaba disfrutando su trabajo.

A pesar de que Dale me dijo que había acordado con su esposa que no se aventuraría a empezar un negocio, era claro que en el fondo lo emocionaba la idea de hacerlo. Sólo al mencionar abrir su propio negocio de muebles, su cara se levantó, su lenguaje corporal cambió y su humor mejoró por completo.

Discutimos sus experiencias pasadas en tomar riesgos. Me contó que años atrás había invertido en bienes raíces y perdió mucho dinero. Desde entonces tenía miedo de arriesgar más dinero. Después de algunas sesiones Dale confesó que todavía le gustaría iniciar un negocio, pero le aterraba la idea de dejar su trabajo fijo. Confiaba en sus habilidades con la madera pero no tenía experiencia en los negocios. Platicamos los pasos a seguir para educarse en ese ámbito. Me dijo que estaba dispuesto a tomar clases en la universidad pública de la localidad. También comentó que estaría feliz de unirse a una red de negocios e incluso buscar un asesor que lo ayudara a comenzar. Con unas pocas ideas en mente de cómo mantener sus sueños con vida, Dale continuó balanceando los pros y contras de abrir su propio negocio.

Después de unas semanas, Dale tomó una decisión, empezaría su empresa de medio tiempo. Planeó hacer sus muebles durante las noches y fines de semana en su garaje. De esta *forma tendría mucho de lo necesario para iniciar, sólo necesitaría invertir un poco en nuevos materiales. Sobre todo, se sintió seguro de poder iniciar invirtiendo poco dinero. Al principio no tendría una tienda, vendería sus muebles en internet y en el periódico. Si hubiera interés consideraría abrir una tienda y tal vez sería capaz de renunciar a su trabajo de maestro.*

El humor de Dale mejoró en cuanto pensó en hacer realidad sus sueños. Después de unas cuantas sesiones, mostraba una mejoría mientras trabajaba por lograr sus metas. Programamos una cita en un mes para asegurarnos de que su humor continuara estable. Cuando volvió, me dijo algo muy interesante, no sólo había comenzado a hacer muebles, estaba disfrutando dar clases como nunca antes. Me dijo que la posibilidad de abrir su propio negocio despertaba su pasión por dar clases de nuevo. Planeaba continuar haciendo muebles en sus tiempos libres, pero no estaba seguro de renunciar a la docencia. Le emocionaba la idea de enseñar a sus estudiantes las nuevas cosas que estaba aprendiendo.

AVERSIÓN AL RIESGO

Enfrentamos muchos riesgos en nuestras vidas, económicos, físicos, emocionales, sociales y de negocios, por mencionar algunos. Pero con frecuencia la gente evita tomar los riesgos que le podrían ayudar a alcanzar todo su potencial porque tienen miedo. ¿Respondes de forma afirmativa a los siguientes puntos?

☐ Batallas para tomar decisiones importantes en tu vida.

☐ Pasas mucho tiempo soñando despierto sobre lo que te gustaría hacer, pero no entras en acción.

☐ A veces tomas decisiones de forma impulsiva porque pensar en la decisión te provoca ansiedad.

☐ Con frecuencia reflexionas que podrías estar haciendo cosas más emocionantes en la vida, pero tus temores te retienen.

☐ Cuando piensas en tomar riesgos por lo general imaginas el peor escenario y decides no hacer nada.

☐ A veces permites que otros tomen decisiones por ti para que tú no lo tengas que hacer.

☐ Evitas riesgos en algunos aspectos de tu vida, social, económica o física, porque te da temor.

☐ Basas tus decisiones en tu nivel de miedo. Si estás un poco asustado, existe la posibilidad de que hagas algo. Pero si te aterras decides que arriesgarse no es sabio.

☐ Crees que los resultados dependen mucho de la suerte.

La falta de conocimiento sobre cómo calcular riesgos aumenta los miedos. Y temerles con frecuencia lleva a evitarlos. Pero hay pasos a seguir para aumentar tu habilidad de calcularlos de manera certera, y con práctica, tu destreza para tomar riesgos puede mejorar.

¿POR QUÉ EVITAMOS LOS RIESGOS?

Cuando Dale se imaginaba abriendo un negocio recordaba la última vez que había tomado un riesgo económico y no le había funcionado. Sus pensamientos sobre hacerlo de nuevo eran muy negativos. Se veía en bancarrota o arriesgando toda su jubilación para abrir un negocio que podría fallar. Eso lo llevaba al miedo y a la ansiedad que, a su vez, evitaban que tomara la iniciativa. Nunca pensó en encontrar formas de reducir los riesgos e incrementar sus oportunidades de tener éxito.

LA EMOCIÓN PREVALECE SOBRE LA LÓGICA

Incluso cuando nuestras emociones carecen de cualquier base racional, a veces dejamos que los sentimientos prevalezcan. En vez de pensar "qué podría pasar..." nos enfocamos en el "y si..." Pero los riesgos no tienen que ser imprudentes.

Mi labrador, Jet, es un perro muy emocional. La forma en que se siente dicta por completo su comportamiento. Y por alguna razón, le aterran cosas muy extrañas. Por ejemplo, le tiene miedo a la mayoría de las baldosas. Le encanta caminar alrededor de una alfombra, pero si tratas de que pase a través del linóleo no tendrás tanta suerte. Está convencido de que la mayoría de las baldosas son resbalosas y le aterra caerse.

Al igual que la gente, Jet con frecuencia maneja su ansiedad. Hizo reglas para lidiar con sus miedos. Puede caminar en el piso de madera de mi sala sin problemas. Pero no pone un pie en las baldosas del pasillo. Solía pararse al final del pasillo y llorar por horas porque quería visitarme en el consultorio pero no se arriesgaba a pisar las baldosas. Yo esperaba que decidiera que valía la pena arriesgarse para visitarme, pero nunca lo hizo. Con el tiempo hice una ruta con tapetes y ahora pasa de tapete en tapete para evitar cruzar por el piso.

Tiene reglas para cuando visita otras casas. Si va a la casa de la mamá de Lincoln, que también tiene baldosas, se dirige a la sala caminando hacia atrás. Al parecer en su mente canina ir hacia atrás tiene sentido, sólo no puede caminar hacia adelante.

Mi papá cuidó de él una vez porque estábamos fuera de la ciudad y se sentó en el tapete de bienvenida todo el fin de semana. Algunas veces Jet ni siquiera puede entrar a ciertos edificios y tiene que ser cargado porque no va a poner una pata en el linóleum. Cargar a un perro de 36 kilos hasta el consultorio del veterinario no es una hazaña fácil, por lo que a veces llevamos nuestros tapetes para hacerle un camino.

El miedo de Jet con frecuencia sobrepasa su deseo de arriesgarse a caminar en ciertos pisos, pero hay una excepción a la regla, cuando hay comida de gato está dispuesto a tomar el riesgo. Jet nunca había entrado a la cocina por el tipo de piso. Pero tan pronto como vio un plato de comida para gato desatendido, su emoción sobrepaso su miedo.

Casi todos los días mete una pata en la cocina cuando piensa que no lo estamos viendo. Después pone otra pata y se estira lo más que puede. Luego mete la tercera pata. Con una pata todavía en el tapete se alarga dentro de la cocina y algunas veces logra llegar hasta la comida sin poner las cuatro patas sobre las baldosas.

No sé cómo Jet llega a la conclusión de qué pisos son "seguros" y cuáles "no son seguros" sólo con verlos. Al parecer le encuentra un sentido, a pesar de la falta de lógica.

Aunque parece ridículo, con frecuencia los humanos calculamos riesgos de la misma forma. Basamos nuestras decisiones en las emociones en vez de en la lógica. Asumimos de manera incorrecta que hay una relación directa entre el nivel de miedo y el nivel de riesgo. Pero a menudo nuestras emociones no son racionales. Si en verdad entendemos cómo calcular riesgos, sabremos cuáles vale la pena tomar y tendremos menos miedo de hacerlo.

NO PENSAMOS EN LOS RIESGOS

Para calcular riesgos debemos conocer la posibilidad de que el resultado de nuestro comportamiento traiga consecuencias positivas o negativas. Después medir qué tanto impacto tendrán esas consecuencias. Con frecuencia un riesgo nos da tal miedo que decidimos no pensar en él o en sus consecuencias. Por lo general, terminamos evitando ideas arriesgadas y sueños por no entender los resultados potenciales.

Los riesgos comienzan como un proceso mental. No importa si dudas en comprar una casa nueva o ponerte el cinturón de seguridad, la decisión implica cierto nivel de riesgo. Tus pensamientos sobre éste influyen en la forma en la que te sientes, y después, la manera en la que actúas. Cuando manejas, tú decides qué tan rápido ir. Te encuentras riesgos de seguridad y legales, y debes balancearlos con el tiempo del que dispones. Mientras más rápido manejes, menos tiempo estarás en el auto, pero aumentar la velocidad incrementa el riesgo de tener un accidente y recibir consecuencias legales.

Es poco probable que pases mucho tiempo pensando qué tan rápido ir en el camino al trabajo cada día. Tu decisión de obedecer la ley o romper los límites de velocidad pesa en tu rutina diaria. Pero si un día vas atrasado, tendrás que elegir si manejas más rápido y te expones a un peligro físico y legal, o te arriesgas a llegar tarde al trabajo.

La verdad es que la mayoría de nosotros no invertimos mucho tiempo calculando qué riesgos tomar y cuáles evitar. Más bien basamos nuestras decisiones en emociones o hábitos. Si nos da miedo, evitamos el riesgo. Si estamos emocionados por los beneficios positivos, lo ignoramos.

EL PROBLEMA DE TEMER A LOS RIESGOS

Cuando sus hijos se graduaron de la universidad, Dale quiso hacer cosas más emocionantes con su vida. Pero, cuando pensaba en abrir un negocio sentía que sería como saltar sin paracaídas. No calculaba los daños emocionales que le provocaba evitar ese riesgo. No seguir su sueño afectó su estado de ánimo porque cambió la forma en que se percibía y lo que sentía sobre su trabajo de maestro.

NO SERÁS EXTRAORDINARIO
SIN TOMAR RIESGOS CALCULADOS

Othmar Ammann fue un ingeniero suizo que emigró a Estados Unidos. Empezó como ingeniero en jefe de la Autoridad Portuaria de Nueva York y después de siete años lo ascendieron a director. Según todos, tenía un puesto importante.

Pero Ammann había soñado con ser arquitecto desde que tenía memoria. Por lo que dejó su tan deseado puesto para abrir su propio negocio. En los siguientes años Ammann contribuyó con algunos de los puentes más impresionantes de Estados Unidos, incluyendo el Verrazano-Narrows, el

Delaware Memorial y el Walt Whitman. Su habilidad para diseñar estructuras decorativas, complicadas y extravagantes le valió múltiples premios.

Lo más impresionante de todo es que Ammann tenía sesenta años cuando cambió de carrera. Siguió diseñando obras maestras arquitectónicas hasta los ochenta y seis. Ammann decidió tomar un riesgo calculado que le permitió vivir su sueño a una edad en la que la mayoría no quiere arriesgarse. Es probable que perdamos grandes oportunidades si sólo tomamos los riesgos que nos hacen sentir más cómodos. Tomar riesgos calculados con frecuencia es la diferencia entre vivir una vida mediocre y una vida extraordinaria.

LAS EMOCIONES INTERFIEREN CON LAS DECISIONES LÓGICAS

Debes tener algo de miedo de manejar en el tráfico. Ese temor te recuerda voltear a los dos lados, antes de cruzar una calle, para reducir el riesgo de golpear otro carro. Si no lo tuvieras actuarías con imprudencia.

Pero nuestros "medidores de miedo" no siempre son confiables. A veces se disparan aunque no estemos en un peligro real. Y cuando sentimos temor, tendemos a actuar bajo la premisa de: "Si da miedo, seguro es riesgoso."

Por años nos han advertido de los peligros de todo, desde abejas asesinas hasta la enfermedad de las vacas locas. Parece que escuchamos estadísticas, investigaciones y advertencias sobre tantos peligros, que se vuelve difícil entender los riesgos reales que enfrentamos en nuestras vidas. Por ejemplo: la investigación sobre el cáncer. Algunos estudios estiman que el cáncer es responsable de una de cada cuatro muertes y otros nos advierten que dentro de unos años la mitad de nosotros lo tendremos. Aunque esas estadísticas son una causa de alarma, con frecuencia son confusas. Si vemos más de cerca los números, observamos que una persona joven, sana y que mantiene un estilo de vida saludable tiene menos riesgo de desarrollar cáncer que una persona mayor, con sobrepeso y fumadora. Pero si todo el tiempo nos bombardean con estadísticas tan aterradoras, a veces es difícil ver el nivel de riesgo personal en perspectiva.

Las empresas de productos de limpieza han trabajado duro para convencernos de que necesitamos poderosos químicos, desinfectantes de manos y jabones antibacteriales para protegernos de los gérmenes. Los medios nos han advertido que la cubierta de nuestra cocina tiene más gérmenes que nuestro escusado, mientras nos muestran qué tan rápido crecen las bacterias en una caja de Petri. La gente con fobia a los gérmenes escucha estas advertencias y toma precauciones drásticas para combatir el riesgo de estar en contacto con ellos. Limpian sus casas todos los días con químicos corrosivos, tallan sus manos en repetidas ocasiones con productos antibacteriales y evitan saludar con apretones de mano para reducir el traspaso de gérmenes. Pero los intentos por ganar la batalla contra los gérmenes pueden causar más daño que beneficio. De hecho, hay una investigación que muestra que deshacerse de tantos gérmenes reduce nuestra habilidad de construir inmunidad contra enfermedades. Un estudio del Centro para Niños John Hopkins descubrió que los recién nacidos que se exponen a gérmenes, mascotas, caspa de roedores y alérgenos de cucarachas tienen menos probabilidades de desarrollar asma y alergias. El miedo lleva a muchas personas a asumir de manera incorrecta que los gérmenes representan un peligro mayor del que es en realidad. De hecho, los ambientes libres de bacterias pueden presentar una mayor amenaza a nuestra salud que los gérmenes.

Es importante estar consciente de tus emociones durante el proceso de toma de decisiones. Es probable que si te sientes triste anticiparás un fracaso y evitarás el riesgo. Si te sientes feliz, puedes ignorarlo y seguir adelante. Incluso las investigaciones demuestran que hay miedos que no tienen nada que ver con el riesgo y pueden afectar tu decisión. Si el trabajo te tiene estresado y estás considerando comprar una casa, verás el riesgo mayor de lo que es (en comparación de cómo lo verías si no estuvieras estresado). Con frecuencia, no somos buenos para separar los factores que influyen en nuestros sentimientos, así que agrupamos todo.

CALCULA LOS RIESGOS Y REDUCE TUS MIEDOS

Dale nunca pensó que no tenía que aventurarse en un negocio de manera imprudente. Cuando comenzó a identificar las formas de reducir las probabilidades de terminar en bancarrota, se sintió aliviado y fue capaz de pensar de manera más lógica sobre cómo podría hacer su sueño realidad. Claro que existía la posibilidad de no recuperar nunca el dinero invertido, pero después de pensarlo, era un riesgo calculado que estaba dispuesto a aceptar.

EQUILIBRA EMOCIONES Y LÓGICA

No te engañes pensando que tu nivel de ansiedad es el factor que ayuda a tomar la decisión final sobre un riesgo. Tus sentimientos pueden ser poco fiables. Mientras más emocional te sientas, tus pensamientos serán menos lógicos. Aumenta tus pensamientos racionales sobre lo que enfrentas para balancearlos con tus reacciones emocionales.

A mucha gente le aterra volar en aviones. Con frecuencia este miedo viene de una falta de control. El piloto está al mando, no los pasajeros, y esa falta de control provoca temor. Mucha gente tiene tanto miedo que prefiere manejar distancias enormes en vez de tomar un avión. Pero esa decisión está basada en emociones, no en la lógica. Las estadísticas dicen que las probabilidades de morir en un accidente automovilístico son de una en cinco mil, mientras que en un accidente aéreo son de una en once millones.

Si vas a tomar un riesgo, en especial uno que podría afectar tu bienestar, ¿no preferirías tener las probabilidades de tu lado? Sin embargo, la gente escoge la opción que le provocará menos ansiedad. Pon atención a los pensamientos que tienes sobre arriesgarte y asegúrate de basar tu decisión en hechos, no sólo en sentimientos.

La mayoría de los estudios muestra que somos muy malos calculando riesgos. Es alarmante que muchas de las decisiones importantes en la vida se basen en la irracionalidad:

- *Juzgamos de forma incorrecta el nivel de control que tenemos sobre una situación.* Por lo general, tomamos riesgos mayores cuando sentimos que tenemos todo bajo control. Por ejemplo, la mayoría nos sentimos más seguros cuando estamos tras el volante, pero el hecho de ser tú quien maneja no significa que puedas evitar un accidente.

- *Nos confiamos de más cuando sabemos que estamos protegidos.* Nos comportamos de manera más imprudente cuando pensamos que hay cierta seguridad a nuestro alrededor y por ende aumentamos los riesgos. La gente tiende a manejar más rápido cuando usa el cinturón de seguridad. Y las aseguradoras descubrieron que las mejoras de los autos se relacionan con tasas de accidentes más altas.

- *No reconocemos la diferencia entre habilidad y oportunidad.* Los casinos han descubierto que cuando las personas juegan a los dados, los avientan de manera diferente dependiendo del número que necesitan para ganar. Cuando quieren un número más grande arrojan los dados con mayor fuerza. Cuando quieren un número más pequeño los arrojan con suavidad. A pesar de que es un juego de suerte, la gente se comporta como si se necesitara cierta habilidad.

- *Estamos influenciados por nuestras supersticiones.* Ya sea que un líder empresarial use sus calcetines de la suerte o una persona lea su horóscopo antes de salir de casa, las supersticiones impactan nuestra disposición a tomar riesgos. En promedio, el viernes trece vuelan diez mil personas menos y los gatos negros tienen pocas probabilidades de ser adoptados ese día. Las investigaciones muestran que muchas personas cruzan los dedos para aumentar su suerte, y en realidad, no ayuda en nada a mitigar los riesgos.

- *Nos engañamos con facilidad cuando vemos una recompensa grande.* Incluso cuando las oportunidades

147

están en tu contra, si la recompensa te gusta en realidad, como en la lotería, por ejemplo, es posible que sobreestimes tus oportunidades de ganar.

- *Generamos comodidad cuando conocemos algo.* Mientras tomamos riesgos con más frecuencia, más tendemos a calcularlos mal. Si tomas el mismo riesgo una y otra vez dejarás de percibirlo como tal. Si manejas rápido cuando vas al trabajo todos los días, subestimarás en gran medida los peligros a los que te sometes.

- *Nos confiamos en las habilidades de los demás para distinguir riesgos con precisión.* Las emociones pueden ser contagiosas. Si estás dentro de una multitud y nadie nota el olor a humo, es probable que no percibas un peligro. En contraste, si otras personas entran en pánico, seguro reaccionarás.

- *Los medios influyen en la manera percibir los riesgos.* Si con frecuencia oyes de una enfermedad rara en las noticias, pensarás que las probabilidades de contraer la enfermedad son mayores. Incluso si todas las noticias son de casos aislados. De la misma manera, noticias sobre desastres naturales o eventos trágicos hacen que te sientas en mayor riesgo de vivir una catástrofe (de lo que en realidad estás).

MINIMIZA LOS RIESGOS PARA MAXIMIZAR EL ÉXITO

Cada año, en la ceremonia de graduación de mi preparatoria, el alumno con las mejores calificaciones daba un discurso. En el último año supe que yo sería esa estudiante. El miedo a dar un discurso me pesó más que la emoción por tener el mejor promedio. Era muy tímida y no hablaba en clase, incluso cuando conocía a mis compañeros desde kínder. Sólo pensar en pararme frente a un auditorio y dar un discurso hacía que me temblaran las rodillas.

No tenía palabras para escribir mi discurso. Me distraía mucho pensando en hablar frente a una multitud. Pero necesitaba hacerlo porque el reloj seguía avanzando.

Los consejos comunes de "imagina a la audiencia en ropa interior" o "practica el discurso frente al espejo" no eran suficiente para calmar mis nervios. Estaba aterrada.

Así que reflexioné cuál era mi mayor miedo al hablar en público. Y resultó ser el rechazo de la audiencia. Imaginaba que al terminar el discurso la audiencia quedaría en completo silencio porque lo que sea que hubiera dicho no se escuchó o fue presentado de manera tan horrible que nadie aplaudiría. Platiqué con mis mejores amigos y me ayudaron a crear un plan brillante para mitigar el riesgo.

El plan redujo el peligro y mis nervios lo suficiente para poder escribir mi discurso. Semanas después, el día de la ceremonia, estaba muy nerviosa cuando pisé el pódium. Mi voz tembló todo el tiempo mientras daba los consejos que una chica de dieciocho años puede dar a sus compañeros. Pero lo logré. Y cuando terminé mis compañeros siguieron adelante con nuestro plan. A mi señal se levantaron y me aclamaron como si hubieran presenciado el mejor concierto del mundo. ¿Y qué pasa cuando unas personas empiezan a aplaudir? Otras personas los siguen. Recibí una ovación de pie.

¿La merecía? Tal vez. Es probable que no. Y hoy en día, en realidad eso no me importa. El punto es que sabía que si me liberaba del miedo (que nadie me aplaudiera) podría seguir adelante con mi discurso.

El nivel de riesgo que vas a experimentar en cierta situación es único para ti. Hablar en público es difícil para algunos mientras que para otros no representa ningún problema. Hazte las siguientes preguntas para calcular el nivel de riesgo:

- ¿Cuáles son los riesgos potenciales? A veces el costo de tomar un riesgo es tangible, como el dinero que vas a invertir, pero otras, los riesgos se asocian con costos intangibles, como el miedo a ser rechazado.

- ¿Cuáles son los beneficios potenciales? Considera el resultado posible de tomar el riesgo. Fíjate en qué pasaría si todo resulta bien. ¿Vas a ganar dinero? ¿Mejores relaciones? ¿Mejor salud? Tiene que haber una recompensa que compense el costo potencial.

- ¿Cómo me va ayudar esto a conseguir mi meta? Es importante examinar cuáles son tus mayores metas y ver si el riesgo juega algún papel en ellas. Por ejemplo, si estás esperando ganar más dinero, observa cómo abrir tu propio negocio contemplando los riesgos, eso te va a ayudar con tu objetivo.

- ¿Cuáles son las alternativas? A veces vemos los riesgos como si sólo tuviéramos dos opciones, tomarlos o dejarlos. Pero con frecuencia hay muchos tipos de oportunidades que pueden ayudarte a conseguir tus metas. Es importante reconocer esas alternativas para que puedas tomar una decisión bien informado.

- ¿Qué tan bueno será si se da el mejor resultado posible? Reflexiona en la recompensa y cómo impactaría en tu vida. Desarrolla expectativas realistas sobre cómo te beneficiaría el mejor de los escenarios.

- ¿Qué es lo peor que podría pasar y cómo puedo reducir el riesgo de que ocurra? También es importante examinar el peor de los escenarios y después pensar en los pasos a seguir para minimizar las probabilidades de que suceda. Por ejemplo, si estás considerando invertir en un negocio, ¿cómo puedes incrementar las posibilidades de tener éxito?

- ¿Qué tan malo sería si el peor de los escenarios se hiciera realidad? Así como los hospitales, las ciudades y los gobiernos tienen planes preparados para los desastres, puede ser muy útil que tú hagas el tuyo. Desarrolla un plan de cómo podrías actuar si se da el peor escenario.

- ¿Qué tanta importancia tendrá esta decisión en cinco años? Para ayudarte a mantener las cosas en perspectiva, pregúntate qué tanto va a afectar tu futuro el hecho de arriesgarte. Si es un pequeño riesgo, tal vez ni te acuerdes en un par de años. Si es un gran riesgo puede afectar en gran medida tu futuro.

Es útil anotar tus respuestas para que puedas revisarlas y leerlas muchas veces. Cuando no tengas hechos que te ayuden a calcular un riesgo de manera adecuada, investiga más y reúne tanta información como te sea posible. Si no hay información disponible decide tomar la mejor decisión posible con los datos que tengas.

PRACTICA TOMAR RIESGOS

Antes de que Albert Ellis muriera en 2007, la revista *Psychology Today* lo nombró el "mejor psicólogo vivo". Ellis era conocido por enseñar a la gente cómo detener pensamientos y creencias contraproducentes. No sólo enseñó estos principios, también los vivió.

Cuando era joven, Ellis era muy tímido y le aterraba hablar con mujeres. Le asustaba ser rechazado al punto de no invitar a salir a nadie. Pero sabía que el rechazo no era lo peor del mundo y decidió enfrentar sus miedos.

Fue a un jardín botánico todos los días durante un mes. Cuando veía a una mujer sola en una banca se sentaba junto a ella. Se forzó a empezar una conversación dentro del primer minuto. En ese mes, encontró 130 oportunidades para hablar con mujeres y de esas 130, 30 se levantaron y se fueron en cuanto él se sentó. Inició conversaciones con el resto de ellas. De las 100 mujeres que invitó a salir, una dijo que sí, sin embargo nunca se presentó. Pero Ellis no se desesperó. Más bien, se sintió más seguro de tomar riesgos, incluso si era rechazado.

Al encarar sus miedos, Ellis reconoció que sus pensamientos irracionales lo llenaban más de miedo que el hecho de arriesgarse. Al entender cómo estos pensamientos influenciaban sus sentimientos pudo desarrollar nuevas técnicas terapéuticas que ayudarían a otras personas a frenar el pensamiento irracional.

Monitorea el resultado de tus riesgos como lo hizo Ellis. Toma nota de cómo te sientes antes, durante y después. Pregúntate qué aprendiste y cómo puedes emplear ese conocimiento en decisiones futuras.

TOMAR RIESGOS CALCULADOS
TE HARÁ MÁS FUERTE

Richard Branson, fundador de Virgin Group, es conocido por correr riesgos. Digo, no consigues cuatrocientas compañías sin tomar las oportunidades del camino. Pero tomó riesgos calculados que le dieron una gran recompensa.

Branson batallaba mucho con la escuela cuando era niño. Tenía dislexia y su desempeño académico no estaba bien. Pero no permitió que eso lo detuviera. En cambio, cuando era adolescente se aventuró en los negocios. A los quince años inició un criadero de aves.

Su búsqueda de negocios creció con rapidez hasta el punto de tener compañías discográficas, aerolíneas y de telefonía móvil. Su imperio se expandió y hasta la fecha tiene un valor de cinco mil millones de dólares. A pesar de que podría con facilidad sentarse y disfrutar de los resultados de sus esfuerzos, Branson ama retarse a sí mismo y a sus empleados todos los días.

Branson escribió en un artículo para la revista *Entrepreneur*: "En Virgin, uso dos técnicas para liberar a nuestro equipo de la misma vieja rutina: romper récords y hacer apuestas." "Tomar oportunidades es una forma maravillosa de ponerme a prueba (y a nuestro grupo) y de empujar límites mientras nos divertimos." Y es lo que hace. Sus equipos crean productos que la gente dice que no servirán. Rompen récords que los demás creen que son imposibles. Y aceptan los retos que nadie más acepta. Pero Branson reconoce que los riesgos "se juzgan con estrategia, no son apuestas a ciegas."

El éxito no te va a encontrar. Tienes que perseguirlo. Así, aventurarse a lo desconocido para tomar riesgos calculados puede ayudarte a alcanzar tus sueños y completar tus metas.

CONSEJOS PARA SOLUCIONAR EL ERROR

Monitorea el tipo de riesgos que estás corriendo y cómo te sientes. Toma nota de las oportunidades que estás dejando pasar. Esto te ayudará a asegurarte de que estás tomando los riesgos que más te benefician, incluso los que te causan ansiedad. Recuerda que para aprender y crecer, debes practicar.

ES ÚTIL

- Estar consciente de las reacciones emocionales al tomar riesgos.

- Identificar los tipos de riesgos que implican un reto.

- Reconocer los pensamientos irracionales que influencian tu toma de decisiones.

- Investigar y estudiar los hechos.

- Calcular cada riesgo antes de tomar una decisión.

- Practicar la toma de riesgos y el monitoreo de resultados para que puedas aprender de cada riesgo que hayas tomado.

NO ES ÚTIL

- Basar tus decisiones en cómo te sientes.

- Evitar los riesgos que te producen más miedo.

- Permitir que pensamientos irracionales afecten tu disposición a intentar algo nuevo.

- Ignorar los hechos o no hacer un esfuerzo por aprender más cuando te falta la información necesaria para tomar la mejor decisión.

- Reaccionar de manera impulsiva sin darte un tiempo para medir los riesgos.

- Rehusarte a tomar riesgos que te incomodan.

CAPÍTULO 7

NO VIVEN EN EL PASADO

> No sanamos el pasado viviendo en él...
> Lo sanamos viviendo de lleno el presente.
> *MARIANNE WILLIAMSON*

Gloria era una mujer trabajadora de cincuenta y cinco años. Su doctor la canalizó a terapia porque estaba demasiado estresada. Su hija de veintiocho años se había mudado de vuelta a casa poco tiempo antes. Desde que dejó la casa de Gloria, a los dieciocho años, volvió por lo menos una docena de veces. Por lo general encontraba un nuevo novio y en un par de semanas (a veces días) después de conocerlo, se mudaba con él. Pero nunca funcionaba y siempre volvía con Gloria.

La chica estaba desempleada y no buscaba trabajo. Pasaba los días viendo televisión y navegando en internet. No se le podía pedir ayuda en casa, ni siquiera que cuidara su higiene personal. Aunque Gloria sentía que estaba dándole un servicio de hotel con empleada doméstica, siempre la recibía de vuelta.

Pensaba que lo menos que podía hacer por su hija era ofrecerle un lugar para vivir. No le dio la infancia que merecía y admitía no haber sido una buena madre. Después de su divorcio, Gloria salió con muchos hombres que no eran modelos a seguir. Invirtió mucha energía bebiendo y saliendo en lugar de criar a su hija. Sentía que sus errores eran la razón por la cual la chica batallaba tanto. Desde el principio quedó claro que la vergüenza que tenía por la forma en que la crió, la llevó a permitirle todo aun cuando ya era una adulta. La mayor parte del estrés de Gloria era por la ansiedad que le provocaba la inmadurez de su hija. Se preocupaba por su futuro y quería que fuera capaz de obtener un trabajo y vivir de forma independiente.

Mientras más hablábamos, Gloria reconocía que su vergüenza y culpa estaban interfiriendo con su habilidad para ser una buena madre en el presente. Tenía que perdonarse y dejar de vivir en el pasado si quería seguir adelante y hacer lo mejor para su hija. Le pedí que (bajo las condiciones actuales) imaginara que un día la chica se levantaba y de la nada empezaba a ser responsable. Gloria sabía muy bien que era imposible, pero no estaba segura de qué hacer para cambiarlo.

Después de unas cuantas semanas exploramos la manera en que Gloria veía el pasado. Cada vez que reflexionaba sobre la infancia de su hija pensaba cosas como: "Soy una mala persona por no poner las necesidades de mi hija en primer lugar" o "es mi culpa que mi hija tenga tantos problemas." Analizamos sus pensamientos y poco a poco, pero con seguridad, Gloria entendió cómo su propia culpa y condena influenciaba la manera en que trataba a su hija en el presente.

Con el tiempo, aceptó el hecho de que si bien no fue la madre ideal, castigarse por eso no cambiaría el pasado. También reconoció que la conducta actual hacia su hija no *arreglaba nada, más bien, propiciaba un comportamiento autodestructivo.*

Armada con una nueva actitud, Gloria estableció algunas reglas y fijó límites con su hija. Le dijo que podría permanecer viviendo en su casa si buscaba trabajo. Estaba dispuesta a darle un tiempo para estabilizarse, pero después de dos meses, si seguía viviendo ahí tendría que pagar renta. Aunque al principio la chica se enojó por las nuevas reglas, empezó a buscar trabajo en unos cuantos días.

Después de unas semanas Gloria entró orgullosa a mi consultorio y me anunció que su hija tenía un trabajo y, a diferencia de empleos anteriores, éste podría convertirse en una carrera. Me dijo que había visto grandes cambios en ella desde que le ofrecieron el trabajo y que hablaba mucho más sobre sus aspiraciones en el futuro. Aunque Gloria todavía no se perdonaba por completo, reconoció que lo único peor que ser una mala madre durante dieciocho años... era serlo otros dieciocho años más.

ATORADO EN LA HISTORIA

A veces las personas se aferran a cosas que pasaron hace años, mientras otras lo hacen con cosas que pasaron la semana pasada. ¿Alguno de estos escenarios te resulta familiar?

☐ Desearías poder oprimir un botón de reversa y así poder re-hacer partes de tu vida.

☐ Luchas contra grandes arrepentimientos sobre tu pasado.

☐ Pasas mucho tiempo preguntándote como sería la vida si hubieras escogido un camino diferente.

☐ A veces sientes que los mejores días de tu vida quedaron atrás.

☐ Recreas momentos pasados en tu mente una y otra vez como si fueran la escena de una película.

☐ A veces te imaginas diciendo o haciendo algo de forma diferente en recuerdos pasados para crear otro resultado.

☐ Te castigas o convences de que no mereces ser feliz.

☐ Te avergüenzas de tu pasado.

☐ Cuando cometes un error o un episodio embarazoso, lo recreas de forma repetida en tu cabeza.

☐ Inviertes mucho tiempo pensando en todas las cosas que "debiste" o "pudiste" haber hecho diferentes.

Aunque la reflexión es saludable, aferrarse puede ser autodestructivo al no permitirte disfrutar del presente o planear tu futuro. Pero no tienes que quedarte detenido en el pasado. Puedes empezar a vivir el momento.

¿POR QUÉ VIVIMOS EN EL PASADO?

Muchas veces, la hija de Gloria la manipulaba al aprovecharse de su culpa. Al recordarle que no estuvo para ella cuando era niña, su remordimiento sólo aumentaba. Si su hija no la había perdonado para entonces, ¿cómo podía Gloria perdonarse? Ella aceptó sus sentimientos de constante culpa como parte de la penitencia por los errores que cometió. Como resultado, continuó viviendo en el pasado.

La culpa, la vergüenza y la ira son sólo algunos de los sentimientos que pueden mantenerte estancado en el pasado. Tal vez tu subconsciente piensa: "Si soy a mí mismo lo suficientemente miserable, algún día podré perdonarme." Tal vez, ni siquiera estás consciente de que en el fondo no crees merecer felicidad.

EL MIEDO DE SEGUIR ADELANTE NOS HACE QUERER PERMANECER EN EL PASADO

Dos semanas después de que mi madre muriera, la casa de mi padre ardió en llamas. El fuego se contuvo en el sótano pero el humo y las cenizas permearon cada habitación. Un equipo contratado por la compañía de seguros tuvo que limpiar todo de pies a cabeza. Las pertenencias de mi madre estuvieron en manos de completos extraños y eso me molestó.

Yo quería que las cosas se quedaran justo como mi madre las dejó. Que su ropa estuviera colgada en el clóset tal cómo ella la había acomodado. Que sus adornos navideños permanecieran en sus cajas de la manera en que ella los había organizado. Quería que algún día, después de mucho tiempo, yo pudiera abrir su joyero y ver cómo había dejado por última vez sus cosas. Pero no pudimos darnos ese lujo. Más bien, todo se reacomodó. Su ropa dejó de oler a ella. No tuve forma de saber cuál fue el último libro que leyó. Nunca pudimos ordenar sus cosas a nuestro propio ritmo.

Años después, cuando Lincoln murió, de nuevo quise congelar todo en el tiempo. Sentía que si estudiaba la manera en que él colgaba su ropa u ordenaba sus libros yo sería capaz de conocerlo mejor, incluso si ya no estaba. Pensaba que si sus pertenencias se movían o se reorganizaban, perdería la oportunidad de encontrar pistas valiosas que me dieran información sobre él.

Era como si al retenerlo conmigo me asegurara de poder aprender más cosas sobre él. Tal vez en un pedazo de papel tendría una nota escrita. O quizá encontraría una fotografía que nunca vi antes. De alguna forma quería seguir creando recuerdos que incluyeran a Lincoln aunque ya no existiera. Estuvimos juntos por seis años pero no era suficiente. Yo no estaba lista para dejar ir cualquier cosa que me lo recordara. Me deshice de las pertenencias que no necesitaba y no quería.

Mis intentos por congelar el tiempo no funcionaron. Obvio, el resto del mundo siguió su marcha. Con el paso de los meses dejé ir mi deseo de mantener todo como en una cápsula del tiempo. Poco a poco me convencí de que estaba bien tirar algún papel escrito con su puño y letra. Empecé a tirar las revistas que recibía por correo. Debo admitir que tardé dos años en deshacerme de su cepillo de dientes. Sabía que él ya no lo necesitaba, pero, de alguna manera, tirarlo me parecía una traición. Sentía que era más cómodo vivir en el pasado, pues ahí era donde estaban Lincoln y mis recuerdos. Pero permanecer ahí, mientras el resto del mundo seguía adelante, no era sano ni me ayudaba. Tuve que confiar en que salir adelante no me haría olvidar ninguno de mis grandes recuerdos.

Aunque como terapeuta ayudo a otros a trabajar con sus pensamientos irracionales, el dolor trajo consigo muchos pensamientos de este tipo. Eso hizo que quisiera aferrarme al pasado, porque en el pasado Lincoln estaba vivo. Pero si hubiera usado todo mi tiempo pensando en el ayer, nunca habría creado nuevos y felices recuerdos otra vez.

VIVIR EN EL PASADO IMPIDE QUE VIVAS EL PRESENTE

La gente no se concentra en el pasado sólo por eventos tristes o trágicos. A veces vivir en el pasado es una forma de distraernos del presente. Tal vez conoces al excapitán del equipo de futbol americano que tiene cuarenta años y todavía abraza su chaqueta de la universidad y habla de sus días de gloria. O quizá eres amiga de la madre de treinta y cinco años que aún considera que ser "reina de la graduación" es uno de sus mayores logros. Muchas veces, idealizamos el pasado como una forma de escapar de los problemas en el presente.

Si, por ejemplo, no estás feliz con tu relación actual o si no tienes una, puedes pasar mucho tiempo pensando en un amor pasado. Tal vez deseas que tu última relación funcionara o crees que si te hubieras casado con tu pareja de la escuela las cosas estarían mejor.

Resulta tentador afirmar lo fácil o feliz que era la vida en ese entonces. Incluso puedes comenzar a arrepentirte de haber tomado algunas de las decisiones que te llevaron a donde estás ahora y decir cosas como: "Ah, si me hubiera casado con mi antiguo novio"; "si no hubiera dejado la universidad tendría el trabajo que me gusta" o "si no me hubiera mudado a una nueva ciudad todavía tendría una buena vida". La verdad es que no sabemos cómo habría sido la vida si tomábamos esas decisiones. Pero es fácil imaginar que sería mejor si pudiéramos cambiar el pasado.

EL PROBLEMA DE VIVIR EN EL PASADO

Gloria no podía percibir a su hija como un adulto capaz, todo lo que veía eran sus propios errores. La culpa le impedía concentrarse en el presente y, como resultado, acabó fomentando la conducta irresponsable de la chica. Por desgracia, ella estaba cometiendo los mismos errores que su madre. Vivir en el pasado no sólo impedía que Gloria alcanzara todo su potencial sino que también evitaba que su hija madurara y fuera un adulto responsable.

Pensar en el pasado no lo cambiará. Al contrario, desperdiciar tu tiempo al aferrarte a lo que ya pasó sólo te traerá más problemas en el futuro. Aquí hay algunas de las formas en las que vivir en el pasado puede interferir con tu capacidad de ser mejor:

- *Te pierdes del presente*. No puedes disfrutar del presente si tu mente siempre está detenida en el pasado. Te perderás la experiencia de nuevas oportunidades y la celebración de alegrías hoy si estás distraído con cosas que ya ocurrieron.

- *Vivir en el pasado hace imposible estar bien preparado para el futuro*. Si permaneces aferrado al pasado no podrás definir tus metas de manera clara o estar motivado para hacer un cambio.

- *Vivir en el pasado interfiere con tus habilidades para la toma de decisiones*. Cuando tienes asuntos sin resolver en el pasado, esos conflictos nublan tu raciocinio. Si no superas lo que pasó ayer, no tomarás decisiones sanas sobre qué es mejor para ti hoy.

- *Vivir en el pasado no resuelve nada.* Repasar el mismo libreto en tu cabeza y concentrarte en las cosas sobre las que no tienes control no resolverá nada.

- *Vivir en el pasado puede llevar a la depresión.* Pensar en eventos negativos genera emociones negativas. Y cuando te sientes triste eres más propenso a generar aún más recuerdos tristes. Aferrarte al pasado puede ser un círculo vicioso que te mantiene atrapado en un mismo estado emocional.

- *No ayuda idealizar el pasado ni la filosofía de que "el pasto es más verde del otro lado".* Es fácil convencerte de que eras más feliz, más seguro, sin preocupaciones en aquel entonces. Pero hay una gran posibilidad de que estés exagerando lo buenas que solían ser las cosas. También puede que exageres lo mal que están las cosas ahora.

- *Vivir en el pasado es malo para tu salud física.* Según un estudio dirigido por investigadores de la Universidad de Ohio en 2013, pensar siempre en eventos negativos aumenta la inflamación en tu cuerpo. Vivir en el pasado podría aumentar tu riesgo de adquirir enfermedades asociadas con el corazón, cáncer o demencia.

EVITA QUE EL PASADO TE DETENGA

La forma de pensar de Gloria cambió cuando aceptó que podía aprender del pasado en vez de torturarse por él.

Transformó su conducta y la forma en que educaba a su hija. Esto le ayudó a reconocer cómo sus errores en el pasado le dieron valiosas lecciones sobre cómo ser madre. Un par de meses después, podía hablar de sus errores sin tener un sentimiento de vergüenza abrumador.

CAMBIA TU FORMA DE PENSAR

Aferrarse al pasado comienza como un proceso cognitivo, pero con el tiempo influye en tus emociones y comportamiento. Al cambiar la manera en la que piensas sobre el pasado puedes seguir adelante.

- *Programa tiempo para pensar en eventos pasados.* A veces nuestros cerebros necesitan una oportunidad para evaluar las cosas. Mientras más te obligas a no pensarlo, esos recuerdos interrumpen más tu día. En lugar de luchar para borrar los recuerdos, recuerda: "Puedo pensar en eso en la noche, después de la cena." Y entonces, después de la cena, date veinte minutos para pensar. Cuando se acabe el tiempo pasa a otra cosa.

- *Date algo más para pensar.* Haz un plan que te ayude a pensar en algo más. Por ejemplo, decide que cada vez que pienses en el trabajo que no obtuviste, cambiarás tu foco y pensarás en el plan de tus próximas vacaciones. Esto puede ser muy útil si tiendes a pensar en cosas negativas antes de dormir.

- *Establece metas para el futuro.* Es imposible que te aferres al pasado si planeas el futuro. Establece objetivos a corto y a largo plazo, y trabaja en los pasos necesarios para conseguirlos. Eso te generará expectativas y evitará que pases mucho tiempo explorando el pasado.

Nuestros recuerdos no son tan precisos como pensamos. Muchas veces, cuando recordamos eventos desagradables los exageramos y convertimos en catástrofes. Si dijiste algo de lo que después te arrepentiste en una reunión, es posible que al rememorarlo imagines que las personas presentes reaccionaron de una forma mucho más negativa de lo que fue en realidad. Cuando recuerdes momentos negativos, practica estas estrategias para poner tus experiencias en perspectiva:

- *Enfócate en las lecciones que aprendiste.* Si enfrentaste momentos difíciles, pon atención en lo que sacaste de esa experiencia. Acepta que pasó y piensa cómo cambiaste a causa de esto. Date cuenta de que no tiene que ser algo malo. Tal vez aprendiste a alzar la voz para no permitir ser maltratado o que debes ser honesto para que una relación dure. Algunas de las mejores lecciones de vida se aprenden en los momentos más difíciles.

- *Piensa en hechos, no en emociones.* Reflexionar los eventos negativos es estresante porque eres más propenso a enfocarte en cómo te sentiste durante el suceso. Pero si recuerdas el momento analizando los hechos y detalles del recuerdo el estrés disminuye. En lugar de aferrarte a lo que sentiste cuando fuiste a un funeral, recuerda detalles específicos sobre dónde te sentaste, cómo estabas vestido, quién estaba ahí. Cuando quitas la emoción alrededor de un suceso eres menos propenso a aferrarte a él.

- *Mira la situación de otra manera.* Cuando revises tu pasado, examina qué otras formas hay para ver la misma situación. Tú tienes el control sobre la trama de la historia. Ésta puede contarse de incontables maneras sin dejar de ser verdad. Si la versión actual es molesta, ve de qué otra forma puedes recordarla. Por ejemplo, Gloria pudo convencerse a sí misma de que las decisiones de su hija no estaban todas relacionadas con su niñez. Pudo reconocer que aunque cometió algunos errores, no era responsable por las elecciones que la chica hacía en el presente.

RECONCÍLIATE CON EL PASADO

Cuando James Barrie tenía seis años, su hermano de trece años, David, murió en un accidente mientras patinaba en hielo. Aunque su madre tenía diez hijos en total, para nadie era secreto que David era su favorito. Después de su muerte, ella estaba tan afligida que apenas podía lidiar con la vida.

Así que, a la edad de seis años, Barrie hizo todo lo que pudo para compensar la pena de su madre. Incluso intentó asumir el rol de David para llenar el vacío que sentía por su muerte. Usaba su ropa y aprendió a silbar de la misma forma en que él lo hacía. Se convirtió en una compañía constante para ella al tiempo que dedicó toda su infancia a intentar hacerla sonreír de nuevo.

A pesar de los intentos de Barrie para hacerla feliz, muchas veces su madre le recordaba las dificultades de ser un adulto. Le sugirió que nunca creciera porque la madurez estaba llena de dolor e infelicidad. Incluso le causaba cierto alivio el saber que David nunca tendría que crecer y enfrentar la realidad de ser un adulto.

En otro esfuerzo por complacer a su madre, Barrie se resistió a madurar lo más que pudo. En especial, no quería ser más viejo de lo que fue David antes de morir. Intentó permanecer como un niño con toda su voluntad. Sus esfuerzos por ser un niño para siempre parecieron frenar su crecimiento físico (apenas alcanzó el metro y medio de estatura).

Al terminar la escuela, Barrie quería convertirse en escritor pero su familia lo presionó para entrar a la universidad, porque eso es lo que David habría hecho. Así que Barrie aceptó el compromiso. Continuaría sus estudios, pero cursaría literatura.

Barrie escribió una de las obras más famosas en la historia de la literatura infantil: *Peter Pan: el niño que no quería crecer*. La escribió como una obra de teatro, pero después se convirtió en una famosa película. Trata del conflicto que enfrenta Peter Pan, el protagonista, entre la inocencia de la infancia y la responsabilidad de ser un adulto. Peter escoge ser un niño por siempre y alienta a los demás para hacer lo mismo. Como un legendario cuento de hadas, la historia es un encantador relato para niños. Pero cuando conoces la historia del autor, la anécdota se vuelve un poco trágica.

La madre de Barrie no pudo salir adelante después de la muerte de su hijo. Estaba convencida de que la infancia fue la mejor época de su vida y que el presente y el futuro estaban llenos de dolor y agonía. Siendo el caso extremo de alguien que se aferra al pasado, ella permitió que esto interfiriera con el bienestar de sus hijos. Lo cual afectó a Barrie no sólo durante su infancia sino también a lo largo de su vida adulta.

Los conceptos erróneos que tenemos sobre el dolor contribuyen a que decidamos vivir en el pasado. De manera errónea, muchas personas creen que el tiempo que sufres debe ser directamente proporcional al amor que sentiste por alguien. Si alguien que murió te importaba poco, entonces sufrirás por unos meses. En cambio, si la amaste de verdad sufrirás por años o toda tu vida. Pero la verdad es que no hay una cantidad adecuada para sufrir. De hecho, puedes afligirte por años o para siempre, pero la cantidad de tristeza que sientas no equivale al amor que profesaste por esa persona.

Con suerte, tienes muchos momentos adorados con tu ser amado. Pero seguir adelante significa trabajar de forma activa para crear nuevos recuerdos, tomar las mejores decisiones y no siempre hacer lo que alguien más hubiera querido.

Si te descubres escarbando en algún aspecto de tu pasado, tal vez necesites actuar para reconciliarte con él. Aquí hay algunas maneras de hacer las paces:

- *Permítete seguir adelante.* A veces, sólo necesitas darte el permiso para continuar. Seguir adelante no quiere decir dejar atrás los recuerdos de tus seres queridos, más bien significa que puedes hacer lo necesario para disfrutar el momento y sacarle el máximo provecho a tu vida.

- *Reconoce el desgaste emocional de aferrarte al pasado* versus *salir adelante.* A menudo aferrarse al pasado es una estrategia que funciona a corto pero no a largo plazo. Si piensas en el ayer no puedes concentrarte en el presente. El problema es que a la larga hay consecuencias. Reconoce lo que perderás en tu vida presente si tu atención está en el pasado.

- *Practica el perdón.* Si te aferras al dolor y a la ira del pasado, ya sea porque no puedes perdonarte a ti o a alguien más, el perdón te ayudará a alejar ese dolor. Esto no significa olvidar lo que pasó. Si alguien te lastimó puedes perdonarlo y al mismo tiempo decidir que no tendrás más contacto con esa persona. Enfócate en dejarlo ir para que el dolor y la ira no te consuman.

- *Cambia los comportamientos que te mantienen en el pasado.* Si te descubres evitando ciertas actividades porque tienes miedo que desencadenen malos recuerdos o porque sientes que no las mereces, considera hacerlas de cualquier forma. No puedes cambiar el pasado, pero puedes aceptarlo. Si cometiste errores no puedes volver atrás para corregirlos o borrarlos. Podrás tomar acciones para reparar parte del daño que causaste, pero no hará que todo mejore.

- *Busca ayuda profesional de ser necesario.* A veces los eventos traumáticos pueden conducir a problemas de salud mental, como el estrés postraumático. Experiencias cercanas a la muerte, por ejemplo, pueden provocar regresiones y pesadillas que dificulten la reconciliación con el pasado. La terapia profesional ayuda a reducir el estrés asociado con los recuerdos traumáticos para que puedas salir adelante.

RECONCILIARTE CON EL PASADO
TE HARÁ MÁS FUERTE

Wynona Ward creció en una zona rural de Vermont. Su familia era pobre y en muchos hogares de la región la violencia doméstica era algo común. Con frecuencia su padre abusaba de ella física y sexualmente. No era raro ver cómo golpeaba a su madre. Aunque los médicos curaban sus heridas y los vecinos escuchaban sus gritos, nunca intervinieron.

Ward mantuvo en secreto los problemas de su familia, se mantuvo inmersa en los estudios y sobresalió en la escuela. A los diecisiete años abandonó su casa y se casó. Ella y su esposo se convirtieron en camioneros.

Después de dieciséis años viajando por el país como camionera, Ward supo que su hermano mayor abusó de un miembro más joven de la familia. Fue el momento en el que ella decidió que debía hacer algo. Resolvió volver a la escuela para poner fin al abuso generacional dentro de su propia familia.

Ward se inscribió a la universidad de Vermont y estudiaba en el camión mientras su esposo manejaba. Completó el curso y siguió su educación en la Escuela de Leyes de Vermont. Después de obtener el título, consiguió un pequeño préstamo para fundar una organización que da servicio a familias afectadas por la violencia doméstica en zonas rurales.

Ward brinda representación legal gratuita a víctimas de violencia de zonas rurales. También las conecta con las instancias oficiales apropiadas. Como muchas de las familias carecen de recursos para transportarse a las oficinas, Ward viaja hacia ellas. Les proporciona educación y servicios que les ayudan a poner fin a los ciclos de abuso generacional. En lugar de vivir en el horrible pasado, Ward decidió concentrarse en lo que puede hacer por otros en el presente.

Negarse a vivir en el pasado no significa que pretendas que no existe. De hecho, significa aceptar tus experiencias para vivir el presente. Hacerlo libera tu energía mental y permite planear tu futuro con base en quién deseas convertirte y no en quién solías ser. Si no tienes cuidado, la ira, la vergüenza y la culpa pueden controlar tu existencia. Dejar ir esas emociones te ayudará a estar a cargo de tu vida.

CONSEJOS PARA SOLUCIONAR EL ERROR

Si pasas el tiempo viendo el espejo retrovisor no puedes ver lo que tienes de frente. Permanecer aferrado al pasado impedirá que disfrutes del futuro. Reconoce cuando estás viviendo en el ayer y toma las acciones necesarias para sanar tus emociones y seguir adelante.

ES ÚTIL

- Reflexionar sobre el pasado lo suficiente como para aprender de él.

- Continuar con tu vida, aunque sea doloroso.

- Trabajar de forma activa con el sufrimiento para poder concentrarte en el presente y en un plan para el futuro.

- Pensar en los hechos de los eventos negativos y no las emociones.

- Encontrar maneras para reconciliarte con el pasado.

NO ES ÚTIL

- Pretender que el pasado no existió.

- Evitar seguir adelante.

- Concentrarte en lo que has perdido y no vivir el presente.

- Recrear eventos dolorosos en tu cabeza de forma repetida y enfocarte en cómo te sentías entonces.

- Intentar deshacer el pasado o disfrazar tus errores anteriores.

CAPÍTULO 8

NO REPITEN LOS MISMOS ERRORES

> El único y verdadero error es del que no aprendemos.
> *JOHN POWELL*

Cuando Kristy entró a mi consultorio, lo primero que me dijo fue: "Tengo una licenciatura y soy bastante lista como para saber que no tengo que gritarle a mis compañeros de trabajo. Pero, ¡por qué no puedo dejar de gritarles a mis hijos!" Todas las mañanas se prometía no hacerlo, pero casi siempre se descubría alzando la voz por lo menos a uno de sus dos hijos adolescentes.

Gritaba por la frustración que sentía cuando sus hijos no le hacían caso. Y a últimas fechas parecía que ni siquiera la escuchaban. Su hija de trece años con frecuencia se negaba a hacer sus deberes en casa y el de quince no se esforzaba nada en la tarea. Cada vez que Kristy llegaba a casa y los encontraba viendo televisión o jugando videojuegos los ponía a trabajar. Pero por lo general le contestaban y Kristy empezaba a vociferar.

Sabía con claridad que gritarles no era bueno. Reconocía que sólo empeoraba la situación. Se consideraba una persona exitosa e inteligente, así que le sorprendía mucho tener que batallar tanto para tener esta área de su vida bajo control.

Kristy pasó un par de sesiones examinando por qué cometía el mismo error una y otra vez. Descubrió que no sabía cómo disciplinar a los niños sin alzar la voz, entonces, si no tenía una forma nueva de disciplinarlos, no podría dejar de gritar. Trabajamos en varias estrategias que podría usar para responder a la falta de respeto y a un comportamiento desafiante. Kristy decidió que les daría una advertencia, y después seguiría con una consecuencia si sus hijos no hacían lo que les pedía.

También aprendió a reconocer cuando se estaba enfureciendo, para poder alejarse de la situación antes de empezar a gritar. Su ruina era que cuando perdía la paciencia sus pensamientos racionales sobre disciplina salían volando por la ventana.

Trabajé por más tiempo con Kristy para ayudarla a buscar una nueva forma de disciplinar. Cuando vino la primera vez admitió que sentía que era su responsabilidad lograr que sus hijos hicieran todo lo que ella les dijera, de otro modo sería como si ellos ganaran. Pero este acercamiento parecía ser contraproducente. Kristy desarrolló una nueva actitud ante la disciplina cuando soltó la idea de ganar una batalla de poder. Si sus hijos no seguían sus indicaciones, les recogía los aparatos sin discutir para hacer que se comportaran.

Le tomó algo de práctica cambiar sus estrategias. Hubo algunas veces en las que se descubrió gritando de nuevo, pero ahora estaba equipada con técnicas alternativas de disciplina.

Cada que tenía un resbalón, podía revisar que había generado los gritos para crear estrategias y evitar alzar la voz la próxima vez.

REINCIDENCIA

Aunque nos gustaría pensar que aprendemos de nuestros errores la primera vez, la verdad es que, todos los repetimos. Es parte del ser humano. Las equivocaciones pueden ser conductuales (como llegar tarde al trabajo) o cognitivas. Los errores de pensamiento siempre incluyen cosas como asumir que no le agradas a la gente o no planear con anticipación. A pesar de que alguien dice "la próxima vez no sacaré conclusiones tan rápido", puede volverlo a hacer si no tiene cuidado. ¿Alguno de los siguientes puntos te suena familiar?

- Con frecuencia te descubres atorado en el mismo punto cuando tratas de lograr algo.

- Cuando descubres un obstáculo, no inviertes mucho tiempo buscando nuevas formas de afrontarlo.

- Te parece difícil dejar los malos hábitos porque sigues haciendo las cosas de la misma forma.

- No inviertes mucho tiempo analizando por qué tus intentos por alcanzar algunas metas no tienen éxito.

- Te enojas contigo por no poder dejar los malos hábitos.

- Algunas veces dices cosas como "nunca lo vuelvo a hacer", sólo para descubrirte haciéndolo una y otra vez.

- A veces parece muy difícil aprender nuevas formas de hacer las cosas.

- Con frecuencia te sientes frustrado por tu falta de autodisciplina.

- Tu motivación para hacer las cosas diferentes desaparece en cuanto te sientes incómodo o molesto.

¿Alguno de estos puntos te parece conocido? A veces, simple y sencillamente no aprendemos la primera vez que nos pasa algo. Pero hay pasos que podemos seguir para evitar repetir los errores que nos detienen y nos impiden alcanzar nuestras metas.

¿POR QUÉ REPETIMOS LOS MISMOS ERRORES?

A pesar de su frustración, Kristy no había pensado en realidad el porqué de sus gritos o qué alternativas podrían ser más efectivas. Al principio, dudaba en usar una nueva forma de disciplina porque temía que al quitarles privilegios a los chicos, los haría enojar más y los llevaría a un comportamiento más irrespetuoso. Tenía que confiar en sus habilidades de crianza para dejar de cometer los mismos errores.

Si alguien dice "no volveré a hacer eso", ¿por qué la persona continúa haciéndolo una y otra vez? La verdad es que, nuestro comportamiento es complicado.

Por mucho tiempo, la mayoría de los maestros creyeron que si les permitían a los niños adivinar la respuesta de una pregunta de forma incorrecta, se corría el riesgo de que el alumno memorizara la respuesta equivocada. Por ejemplo, si un niño adivinaba que $4 + 4 = 6$, siempre recordaría el 6 como la respuesta correcta, incluso si se le corregía. Por eso, los maestros les daban las respuestas a los niños primero (sin dejarlos adivinar).

Saltemos al año 2012, cuando un estudio de investigación publicado en el *Journal of Experimental Psychology: Learning, Memory, and Cognition* demostró que los estudiantes a los que se les daba la oportunidad de aprender la información correcta, eran capaces de aprender de errores anteriores. De hecho, los investigadores descubrieron que cuando los niños piensan en respuestas potenciales, incluso si esas respuestas fueron incorrectas, el grado de retención de las respuestas correctas mejora después de corregir el error. Los niños, como los adultos, son capaces de aprender de sus errores cuando se les da la oportunidad.

A pesar del hecho de que ya hay un estudio que prueba que podemos aprender de nuestros errores, es difícil olvidar lo que nos enseñaron cuando éramos jóvenes. Es posible que te hayan enseñado que es mejor esconder las equivocaciones que afrontar las consecuencias. Y la escuela no fue el único lugar donde aprendimos a lidiar con los errores. Con regularidad, los medios presentan celebridades, políticos y atletas intentando cubrir sus resbalones. Mienten y tratan de salir del problema sin admitir que hicieron algo mal, aun si hay pruebas de lo contrario. Y cuando negamos nuestros errores, somos menos propensos a examinarlos y a obtener algún entendimiento o lección de ellos. Esto nos hace más susceptibles a cometerlos de nuevo en el futuro. Todos hemos escuchado: "Acepto mis decisiones." Esto es reconocer un comportamiento, pero no es suficiente para reconocer un error, todo por orgullo.

Ser necio también es un gran factor para repetir infracciones. Una persona que hace una pequeña inversión podría decir: "Bueno, ya invertí mucho en esto, debería seguir adelante." En vez de perder un poco de dinero, prefiere arriesgar más porque es muy terco para detenerse. Una persona que trabaja en algo que no le gusta puede decir: "He dedicado diez años de mi vida a esta empresa. No me voy a salir ahora." Pero lo único peor que invertir diez años a algo que no te gusta… es invertir diez años y un día más.

La impulsividad es otra razón por la que la gente comete errores. Aunque el dicho indica que "el hombre es el único animal que tropieza dos veces con la misma piedra", es más sabio investigar cómo quitar la piedra antes de volver a caminar por el mismo lugar.

¿Te encuentras atrapado en un estado de repetición de errores? Existe la posibilidad de que estés cómodo con la situación. Una mujer puede entrar en una mala relación después de otra porque es todo lo que conoce. Sigue saliendo con hombres dentro del mismo círculo social que tienen problemas similares porque le falta confianza para buscar un mejor prospecto en otro lugar. De igual manera, un hombre puede recurrir al alcohol cuando se siente estresado porque no sabe cómo lidiar con sus problemas estando sobrio. Evitar esos errores y hacer algo diferente sería muy molesto.

Y además hay algunas personas que se sienten tan incomodas con el éxito que sabotean sus propios esfuerzos. Cuando las cosas van bien, se pueden sentir ansiosos esperando que algo salga mal. Para liberar esa ansiedad, regresan a su viejo comportamiento autodestructivo y repiten los mismos errores.

EL PROBLEMA DE REPETIR NUESTROS ERRORES

Kristy reconoció que gritarles todos los días a sus hijos no ayudaba. No les enseñaba a resolver problemas de manera efectiva y aprendían que vociferar es un comportamiento aceptable. Mientras más les alzaba la voz, le contestaban gritando más fuerte. ¿Has visto un perro persiguiendo su cola en círculos? Así te sientes cuando repites tus errores. Sólo te cansarás y no llegarás a ningún lado.

Julie vino a terapia porque estaba molesta consigo misma. El año anterior había perdido dieciocho kilos, pero en los últimos seis meses los recuperó. No era la primera vez que pasaba. Llevaba casi una década perdiendo y ganando esos dieciocho kilos. Estaba frustrada en extremo por dedicar tanto tiempo y energía a perder peso y luego volver a ganarlo.

Cada que perdía peso se relajaba un poco. Se permitía comer un poco más en la cena o festejaba con helado. Encontraba excusas para saltarse algunos ejercicios y antes de darse cuenta, estaba ganando peso otra vez. De inmediato sentía repulsión por ella misma y se preguntaba: "¿Por qué no puedo controlar lo que le hago a mi propio cuerpo?" La historia de Julie no es única. De hecho, las estadísticas muestran que la mayoría de la gente que pierde peso lo recupera. Bajar los kilos es un trabajo difícil. Así que, ¿por qué alguien sufriría todo el dolor y esfuerzo que implica bajarlos para recuperarlos después? Con frecuencia, la respuesta es que la gente repite los mismos errores que ocasionaron el sobrepeso desde el principio.

Repetir los mismos errores lleva a muchos problemas, como los siguientes:

- *No alcanzar metas.* No importa si tratas de bajar de peso por quinta vez o dejar de fumar por décima vez, si continuas repitiendo los mismos errores no lograrás tus objetivos. Al contrario, quedarás estancado y no podrás seguir adelante.

- *No resolver problemas.* Es un círculo vicioso. El problema se mantiene si repites el error y eres más propenso a seguir cometiéndolo. Nunca serás capaz de resolverlo a menos que hagas las cosas diferentes.

- *Pensar diferente sobre ti mismo.* Existe la posibilidad de que empieces a creer que eres incompetente o un completo fracaso porque no logras superar cierto obstáculo.

- *Dejar de esforzarte.* Si los primeros intentos no tuvieron éxito, es más probable que te quieras rendir. Cuando bajan tus esfuerzos, tienes menos oportunidades de tener éxito.

- *Frustrar a los demás.* Si eres culpable de siempre caer en los mismos problemas, tu familia y amigos se cansarán de escuchar tus quejas. O peor aún, si tienen que rescatarte de las mismas situaciones problemáticas, esa repetición de errores dañará tu relación con ellos.

- *Desarrollar ideas irracionales para justificar tus errores.* Si no observas la manera en que tu comportamiento interfiere con tu progreso, puedes concluir que no estás predestinado a "tener éxito". Una persona con sobrepeso que trata de perder algunos kilos y no lo logra, tal vez piense: "Soy de huesos grandes, nunca podré ser delgado."

EVITA METER LA PATA UNA Y OTRA VEZ

Para romper con el círculo de gritos en que se encontraba Kristy, primero tuvo que revisar su estilo de disciplinar y luego pensar en unas consecuencias alternativas. Sabía que al principio sus hijos probarían las nuevas restricciones que había impuesto, por eso desarrolló un plan sólido para lidiar con sus emociones. Así logró controlar el mal comportamiento sin perder la calma.

ESTUDIA EL ERROR

A mediados de 1800, Rowland Macy abrió una tienda de ropa en Haverhill, Massachusetts. Estaba seguro de que su tienda atraería muchos visitantes (aunque la puso en una parte tranquila de la ciudad). Pero se equivocó y después de un tiempo le costaba mucho mantenerla abierta. En un intento por atraer ventas a esa parte de la ciudad, organizó un gran desfile, con banda y todo, para llevar a la gente por las calles. El desfile terminaría frente a la tienda donde un conocido hombre de negocios de Boston daría un discurso.

Por desgracia, debido al clima tan caluroso de ese día, nadie salió a la calle para seguir a la banda como Rowland esperaba. Sus errores de *marketing* le costaron mucho dinero, y, al final, su negocio.

Pero Rowland era el tipo de persona que aprendía de sus errores y sólo unos años después abrió "R.H. Macy Dry Goods" en el centro de Nueva York. Esta fue su quinta tienda, después de otros cuatro intentos fallidos. Por cada error que cometía aprendía algo nuevo. Y para cuando abrió "R.H.

Macy Dry Goods", había experimentado mucho sobre cómo llevar un negocio con éxito.

Macy's Department Store se convirtió en una de las tiendas de más éxito en el mundo. A diferencia del primer desfile de Rowland (efectuado bajo el calor del verano), ahora la tienda ofrece un desfile anual durante el día de Acción de Gracias (en el clima fresco de otoño). No sólo atrae grandes multitudes a las calles, sino que se transmite por televisión a más de cuarenta y cuatro millones de televidentes cada año.

Rowland Macy no buscó excusas sobre por qué sus primeros negocios fracasaron. Más bien, estudió los hechos y tomó la responsabilidad en cada error. Después fue capaz de aplicar ese conocimiento para hacer algo diferente la siguiente vez.

Si quieres dejar de repetir un error, estúdialo. Olvida cualquier sentimiento negativo que tengas, reconoce los factores que te llevaron a fracasar y aprende de ellos. Busca una explicación y no una excusa. Hazte las siguientes preguntas:

- ¿Qué salió mal? Pasa un poco de tiempo reflexionando sobre tus errores. Trata de identificar lo que pasó. Tal vez gastaste de más porque no resistes la tentación de comprar. O tal vez discutes con tu cónyuge el mismo tema en repetidas ocasiones porque nunca resuelven el problema en sí. Examina qué pensamientos, comportamientos y factores externos contribuyen al error.

- ¿Qué pude haber hecho mejor? Cuando reflexiones sobre la situación, busca lo que se puede mejorar. Tal vez no te mantuviste el tiempo suficiente. Por ejemplo, te rendiste al tratar de bajar de peso a las dos semanas de comenzar. O tal vez tu error fue encontrar demasiadas excusas para no ejercitarte y, como resultado, no lograste generar una rutina de ejercicio eficaz. Haz una evaluación honesta.

- ¿Qué haré diferente la próxima vez? Decir que no cometerás el mismo error y hacerlo en realidad son cosas muy diferentes. Piensa lo que puedes hacer la próxima vez para evitar cometer el mismo error. Identifica estrategias claras que puedes usar para evitar regresar a tu viejo comportamiento.

HAZ UN PLAN

Durante las prácticas en la universidad trabajé en un centro de rehabilitación de adicciones. Muchos de los pacientes que asistían al programa ya habían tratado de arreglar sus problemas. Para cuando llegaban a nuestras instalaciones estaban desalentados y hartos del hecho de no poder dejar de beber o de consumir drogas. Pero su actitud por lo general cambiaba después de unas semanas de tratamiento intensivo. Comenzaban a tener esperanzas del futuro y determinaban que esta vez no regresarían a sus viejas costumbres.

Pero antes de graduarse del programa y darlos de alta, necesitaban un plan claro. Este plan debía ayudarlos a mantener los buenos resultados de la recuperación después de salir del centro. Necesitaban hacer cambios serios en su estilo de vida para evitar regresar a sus hábitos anteriores.

Para la mayoría, implicaba encontrar un nuevo círculo social. No podían volver a salir con sus viejos amigos que usaban drogas y bebían demasiado. Algunos también tenían que cambiar de trabajo. Desarrollar hábitos más sanos puede significar terminar una relación destructiva o cambiar fiestas por reuniones con grupos de apoyo.

Cada persona que participaba tenía que hacer un plan escrito donde incluyera recursos y estrategias para mantenerse sobrios. La gente que tuvo más éxito fue la que siguió el plan. Aquellos que regresaron a sus viejas costumbres tendían a recaer por no resistir cometer los mismos errores. Había muchas tentaciones cuando regresaron a sus ambientes anteriores. La clave para evitar repetir cualquier error está en desarrollar un buen plan. Hacerlo por escrito incrementa las probabilidades de apegarse a él.

Sigue estos pasos para crear un plan escrito que te ayudará a evitar repetir errores:

- *Establece un comportamiento que reemplace el comportamiento anterior*. En lugar de beber alcohol para lidiar con el estrés, una persona podría identificar estrategias alternativas como salir a caminar o llamar a un amigo. Decide qué comportamientos saludables te ayudarán a evitar los dañinos.

- *Identifica las señales de alerta que te indican que otra vez vas por el mal camino*. Es importante buscar patrones de comportamientos que pueden regresar. Tal vez sabes que tus gastos se están saliendo de control de nuevo cuando comienzas a comprar con las tarjetas de crédito.

- *Busca una forma de ser responsable.* Será más difícil ocultar tus errores o ignorarlos cuando eres responsable. Es muy útil hablar con un amigo de confianza o con un familiar y pedirle que te ayude a mantenerte responsable y te señale tus errores. También puedes incrementar tus probabilidades de ser responsable si llevas un diario o un calendario para registrar tu progreso.

PRACTICA EL AUTOCONTROL

La autodisciplina no es algo que tengas o no. Todos tienen la habilidad de incrementar su fuerza de voluntad. Decir "no" a una bolsa de papas o a unas galletas requiere autocontrol. También se necesita cuando no quieres hacer ejercicio. Muchas veces, para evitar los errores que estropean tu progreso debes vigilarte y trabajar duro.

Aquí hay algunas cosas a tomar en cuenta cuando trabajes para incrementar tu autocontrol:

- *Practica tu tolerancia a la incomodidad.* Ya sea que te sientas sólo y te veas tentado escribir un mensaje a esa ex pareja que te hace tanto daño o tienes antojo por ese dulce que arruinará tu dieta, practica tu tolerancia a la molestia. A pesar de que la gente con frecuencia se convence a sí misma de que si lo hace "sólo una vez" ayudará, las investigaciones muestran lo contrario. Cada vez que cedes reduces un poco tu autocontrol.

- *Habla contigo de forma positiva.* Afirmaciones realistas pueden ayudarte a resistir tentaciones en momentos de debilidad. Decir cosas como: "Yo puedo hacerlo" o "estoy haciendo un buen trabajo para conseguir mis metas" pueden ayudarte a seguir por el buen camino.

- *Mantén tus objetivos en mente.* Si te concentras en la importancia de tus metas, ayudarás a bajar las tentaciones. Por ejemplo, si te enfocas en lo bien que te sentirás al terminar de pagar tu carro, estarás menos tentado a comprar eso que desbalancea tu presupuesto mensual.

- *Imponte restricciones.* Si ya sabes que eres propenso a gastar mucho dinero cuando sales con tus amigos, llévate poco efectivo. Sigue pasos que te dificulten o imposibiliten caer en tentaciones.

- *Haz una lista de todas las razones por las que no quieres cometer el mismo error.* Carga esa lista contigo. Cuando sientas que quieres volver al mismo comportamiento de antes, léela. Te motivará para no regresar a viejas costumbres. Por ejemplo, escribe una lista de razones por las que deberías salir a caminar después de cenar. Cuando te sientas tentado a ver televisión en vez de hacer ejercicio, lee la lista para incrementar tu motivación para seguir adelante.

APRENDER DE TUS ERRORES
TE HARÁ MÁS FUERTE

Después de dejar la escuela a los doce años, Milton Hershey comenzó a trabajar en una imprenta, pero pronto se dio cuenta de que no le interesaba una carrera en ese mundo. Así que se fue a trabajar a una tienda de dulces y helados. A los diecinueve años decidió abrir su propia empresa de dulces. Obtuvo financiamiento de su familia y empezó el negocio desde cero. Sin embargo, la compañía no tuvo éxito y en unos pocos años tuvo que declararse en bancarrota.

Tras su intento fallido de negocios, fue a Colorado con la esperanza de hacer dinero en la industria creciente de la minería. Pero llegó muy tarde y batalló mucho para encontrar trabajo. Con el tiempo encontró trabajo en otra compañía de golosinas. Ahí aprendió que la leche fresca genera dulces excelentes.

Hershey se mudó a Nueva York para abrir de nuevo su tienda de dulces. Esperaba que las habilidades y los conocimientos que había aprendido lo ayudarían a tener éxito en su segundo intento. Pero le faltó financiamiento y había muchas tiendas en el área. De nuevo, sus esfuerzos fallaron. Para ese momento, muchos de los familiares que lo habían ayudado a financiar sus intereses lo empezaron a evitar por culpa de sus errores.

Pero Hershey no se rindió. Regresó a Pensilvania y abrió una compañía de caramelos. Hacia dulces durante el día y los vendía durante la tarde en un carrito ambulante. Con el paso del tiempo recibió una orden grande y logró obtener un préstamo para poder hacerla. Tan pronto como se la pagaron, Hershey pagó el préstamo y fundó Lancaster Caramel Company. Pronto se convirtió en millonario y en uno de los hombres más exitosos en su área.

Continuó expandiendo su negocio. Comenzó a hacer chocolate, y para 1900, vendió Lancaster Caramel Company y abrió una fábrica de chocolate. Hershey trabajó sin descanso tratando de mejorar su fórmula. Con rapidez se convirtió en la única persona en Estados Unidos en producir leche con chocolate en masa, y pronto comenzó a vender chocolate en todo el mundo.

Cuando el azúcar comenzó a escasear durante la Primera Guerra Mundial, Hershey estableció su propia refinería de azúcar en Cuba. Pero el mercado del azúcar colapsó tan pronto como la guerra acabó. Hershey se descubrió otra vez con problemas financieros. Pidió un préstamo al banco aunque tuvo que hipotecar sus propiedades mientras pagaba la deuda. Sin embargo, consiguió poner en orden el negocio y pagar el préstamo en dos años.

No sólo construyó una prospera fábrica de chocolate, creó una ciudad. Hershey fue capaz de mantener a todos sus empleados trabajando durante la Gran Depresión. Construyó una gran variedad de edificios, incluidas una escuela, un deportivo y un hotel. Las nuevas construcciones emplearon a mucha gente. A lo largo de su éxito se convirtió en un gran filántropo. La habilidad de Hershey de aprender de sus errores lo llevó del fracaso de una compañía de dulces a ser dueño de la compañía de chocolate más grande del mundo. Incluso hoy en día, la ciudad conocida como Hershey, Pensilvania, está adornada con faros en forma de Kisses de Hershey. Casi tres millones de personas han visitado la fábrica de chocolate de Hershey para aprender cómo se hace el chocolate desde el grano hasta la barra.

Cuando ves los errores como una oportunidad para mejorar y no como algo negativo, eres capaz de invertir tiempo y energía en asegurarte de no cometerlos otra vez. De hecho, la gente mentalmente fuerte con frecuencia está dispuesta a compartir sus errores con otras personas en un esfuerzo para ayudar a prevenir que ellas los cometan.

En el caso de Kristy, ella se sintió muy aliviada cuando dejó de gritarles a sus hijos todos los días. Aprendió que era normal que rompieran las reglas de vez en cuando, pero tenía opciones para responder. Sintió que su casa era un lugar más feliz cuando no se estaban gritando los unos a los otros. Cuando Kristy dejó de repetir sus errores de disciplina y fue capaz de imponer consecuencias efectivas a sus hijos se sintió con más control de ella misma y de su vida.

CONSEJOS PARA SOLUCIONAR EL ERROR

Por lo general, hay muchas formas de resolver un problema. Si tu método actual no ha tenido éxito, ábrete a intentar algo nuevo. Aprender de cada error requiere conocimiento de uno mismo y humildad. Esto es una de las grandes claves para alcanzar todo tu potencial.

ES ÚTIL

- Reconocer tu responsabilidad en cada error.
- Crear un plan escrito para prevenir cometer la misma equivocación.
- Identificar detonantes y señales de advertencia de viejos comportamientos.
- Practicar estrategias de autodisciplina.

NO ES ÚTIL

- Dar excusas o negarse a examinar tu rol en el resultado.

- Responder de forma impulsiva sin pensar en alternativas.

- Ponerte en situaciones en las que puedes volver a fallar.

- Asumir que siempre puedes resistir tentaciones o decidir que estás condenado a seguir repitiendo los mismos errores.

CAPÍTULO 9

NO LES DUELE EL ÉXITO DE LOS DEMÁS

> **El resentimiento es como beber veneno y
> luego esperar que mate a tus enemigos.**
> *NELSON MANDELA*

Con frecuencia, Dan y su familia asistían a reuniones en el vecindario. Vivían en una comunidad donde las parrilladas en el patio trasero eran muy comunes y los padres iban a las fiestas infantiles de los hijos. Incluso Dan y su esposa organizaban comidas de vez en cuando. Por lo que se sabía, Dan era un hombre amigable y extrovertido que parecía tener todo en orden. Su casa era linda y trabajaba en una empresa importante. También tenía una adorable esposa y dos hijos sanos. Pero Dan guardaba un secreto.

Le molestaba ir a las fiestas donde escuchaba sobre el impresionante ascenso de Michael o del nuevo carro de Bill. Le enfurecía que sus vecinos pudieran pagar vacaciones costosas y los mejores juguetes del mercado. Su presupuesto era limitado porque él y su esposa decidieron que ella renunciaría a su empleo para dedicarse al hogar. Estaba ahogado en deudas para mantener la imagen de abundancia financiera.

De hecho, ocultaba secretos a su esposa sobre su situación económica. Pero Dan sentía que necesitaba conservar una imagen con la que pudiera competir con sus vecinos a toda costa.

Dan decidió buscar ayuda cuando su esposa le dijo que tenía que hacer algo con sus problemas para controlar las emociones. Cuando inició en la terapia dijo que no estaba seguro en cómo ayudaría. Sabía que su irritabilidad era causada por el hecho de estar cansado todo el tiempo. Y la razón por la que estaba tan cansado era por tener que trabajar tanto para poder pagar las cuentas.

Hablamos sobre su situación financiera y las razones por las que se sentía obligado a trabajar tantas horas. Al principio culpó a sus vecinos por sus largas jornadas laborales. Comentó que todos se sentían orgullosos por tener cosas lindas y él se veía obligado a ponerse a la par. Cuando de forma sutil lo cuestioné sobre verse "obligado", aceptó que no tenía que, pero quería hacerlo.

Dan accedió a acudir a algunas sesiones más. En las siguientes semanas apareció el resentimiento hacia sus vecinos. Confesó que creció pobre y no quería que sus hijos sintieran lo mismo que él cuando era niño. Lo habían molestado y había recibido burlas porque su familia no podía pagar ropa costosa o juguetes como los otros niños. Por lo que se sentía orgulloso de seguir el ritmo de otras personas y poder ofrecerle a su familia un estilo de vida comparable al de la gente que los rodeaba.

En el fondo Dan apreciaba más el tiempo con su familia que sus posesiones. Y mientras más hablábamos de su estilo de vida más se disgustaba consigo mismo. Sabía que prefería

pasar más tiempo con su familia que trabajar extra para com-
prarles más cosas. Poco a poco cambió su modo de pensar:
en vez de tratar de mantenerse a la par de sus vecinos, se
concentró en sus propias metas y valores.

Después de un tiempo, su esposa vino a una sesión de te-
rapia. Ese día, Dan confesó que había pedido dinero prestado
para pagar cuentas. Estaba sorprendida y molesta, pero él
le compartió su plan para vivir de acuerdo con sus posibili-
dades y sin competir con sus vecinos. Ella aceptó apoyarlo y
ayudarlo a través del proceso.

Le costó mucho trabajo cambiar la forma en que se veía
a sí mismo, a sus vecinos y a su lugar en la vida en general.
Pero cuando renunció a competir y empezó a concentrarse
en las cosas importantes, dejó de sentir resentimiento hacia
los demás. También se hizo menos irritable.

VERDE DE ENVIDIA

Mientras que los celos se pueden describir como "quiero lo que tú tienes", el resentimiento hacia el éxito de otros va más allá: "Quiero lo que tú tienes y no quiero que tú lo tengas." Celos breves y ocasionales son normales. Pero el resentimiento no es sano. ¿Alguna de estas afirmaciones te suena familiar?

☐ Con frecuencia comparas tu riqueza, estatus y apariencia con la de los que te rodean.

☐ Sientes envidia de la gente que puede comprar mejores
cosas que tú.

☐ Es difícil para ti escuchar a otras personas contando sus historias de éxito.

☐ Crees que mereces más reconocimiento del que recibes por tus logros.

☐ Te preocupa que otros piensen que eres un perdedor.

☐ A veces sientes que, sin importar qué tanto te esfuerces, todos los demás parecen tener más éxito.

☐ Te molesta, en vez de alegrarte, que otros logren cumplir sus sueños.

☐ Te es difícil estar alrededor de gente que gana más que tú.

☐ Te avergüenza tu falta de éxito.

☐ A veces, das a entender que te va mejor de lo que en realidad te va.

☐ Experimentas placer en secreto cuando alguien exitoso tiene un problema.

Si sientes resentimiento por los logros de alguien más, es probable que te bases en pensamientos irracionales que te hacen actuar de forma ilógica. Sigue los pasos necesarios para concentrarte en tu propio camino al éxito sin resentir la prosperidad de los demás.

¿POR QUÉ RESENTIMOS EL ÉXITO DE LOS DEMÁS?

Aunque los sentimientos de resentimiento son parecidos a los de la ira, cuando alguien se siente furioso es más probable que lo exprese. Por lo general, el resentimiento se queda oculto y las personas como Dan disfrazan sus sentimientos reales con falsa amabilidad. Debajo de la sonrisa hay una mezcla de indignación y envidia.

Dan padecía un resentimiento originado por la injusticia. Unas veces era real y otras imaginaria. Le parecía injusto que sus vecinos ganaran mucho dinero. Lo obsesionaba que tuvieran más poder económico y cosas más lindas de las que él podía pagar. Culpaba a sus vecinos de hacerlo sentir pobre, pero si viviera en otro vecindario tal vez se sentiría rico.

El resentimiento hacia el éxito de otros también es resultado de una inseguridad muy profunda. Es difícil sentirse feliz por los logros de los amigos cuando te sientes mal por ti mismo. Cuando eres inseguro parece que el éxito de los demás incrementa tus defectos. También te puedes amargar si asumes (de forma errónea) que la buena suerte les llega con facilidad a los otros, aunque tú la merezcas más.

Cuando no sabes lo que quieres es más fácil molestarse por lo que otros tienen. Alguien que nunca quiso un trabajo que implicara viajar, podría ver a un amigo que sale en viajes internacionales de negocios y pensar: "Es muy afortunado, yo quiero hacer eso." Mientras tanto, puede ver a otro amigo que opera un negocio desde casa que no le permite viajar y piensa: "Me encantaría hacer eso." (Esto a pesar de que son tipos de vida totalmente contrarios.) No puedes tener todo lo que quieres.

Es más probable que sientas resentimiento por el éxito de alguien más cuando ignoras el hecho de que la mayoría de la gente sólo alcanza sus metas invirtiendo tiempo, dinero y esfuerzos para llegar ahí. Es fácil ver a un atleta y decir: "Quisiera poder hacer eso." ¿Pero en verdad te gustaría? ¿Desearías levantarte y ejercitarte doce horas diarias? ¿En serio quisieras que tu único ingreso dependa sólo de tus habilidades atléticas que se reducirán conforme envejezcas? ¿En realidad te gustaría renunciar a la comida que amas para mantenerte en forma? ¿Desearías dejar de pasar tiempo con tus amigos y familia para continuar entrenando?

EL PROBLEMA DE RESENTIR EL ÉXITO DE OTRAS PERSONAS

El resentimiento de Dan hacia sus vecinos afectó casi cada parte de su vida, su carrera, sus hábitos económicos, incluso la relación con su esposa. Lo consumió al punto de cambiar su humor y evitar que disfrutara de las reuniones sociales del vecindario. Además cayó en un círculo vicioso, mientras más se esforzaba por competir con sus vecinos, más resentimiento sentía hacia ellos.

TU VISIÓN DE OTRAS PERSONAS NO ES EXACTA

En realidad nunca sabes lo que pasa detrás de una puerta cerrada. Dan no tenía idea qué tipo de problemas experimentaban sus vecinos. Pero se amargaba basado en lo que veía.

Los resentimientos pueden surgir de la nada y generarse sólo por los estereotipos. Tal vez crees que la gente "rica" es malvada o tal vez crees que los "dueños de negocios" son codiciosos. Ese tipo de etiquetas te llevan molestarte con personas que ni conoces.

Un estudio de 2013 titulado "Their Pain, Our Pleasure: Stereotype Content and Schadenfreud" (Su dolor, nuestro placer: Estereotipos y alegría por el mal ajeno) reveló que la gente no sólo resiente el éxito profesional de un rico, incluso siente alegría ante su desgracia. Los investigadores mostraron a los participantes fotos de cuatro personas, una persona adulta, un estudiante, un drogadicto y un profesional rico. Estudiaron la actividad cerebral de los participantes mientras mostraban imágenes con diferentes eventos. Descubrieron que mostraron más regocijo cuando el hombre rico experimentaba problemas como ser empapado por un taxi. De hecho, los participantes disfrutaron ese escenario más que contextos donde los otros individuos tenían buena suerte. Y todo estaba basado en el estereotipo de que la "gente rica es mala".

El resentimiento consume tu vida con facilidad si no tienes cuidado. Aquí hay algunos de los problemas que puede causar:

- *Dejarás de concentrarte en tu camino al éxito*. Mientras más tiempo te concentres en los logros ajenos, menos tiempo tendrás para los tuyos. El rencor hacia el éxito de los demás sólo es un distractor que retrasa tu progreso.

- *Nunca estarás contento con lo que tienes*. Si siempre tratas de igualar a otras personas nunca te sentirás en paz con lo que tienes. Pasarás el resto de tu vida tratando de superar a los demás. Nunca estarás satisfecho porque siempre hay alguien con más dinero, más atractivo y que parece que lo tiene todo.

- *Ignorarás tus habilidades y talentos*. Mientras más tiempo pases deseando lo que alguien más hace, menos tiempo tendrás para pulir tus propias habilidades.

Desear que a alguien le falte talento no va a mejorar el tuyo.

- *Puedes abandonar tus valores.* El resentimiento puede causar que la gente se comporte de manera desesperada. Es difícil apegarte a tus valores cuando sientes mucha ira hacia los que tienen cosas que tú no. Por desgracia el resentimiento puede llevar a la gente a actuar de formas en la que no lo haría con normalidad, como sabotear los esfuerzos de alguien más o endeudarse para seguirle los pasos.

- *Puedes dañar relaciones.* Al principio puedes copiar a alguien que envidias para seguirle el paso. Pero si sus logros parecen eclipsar los tuyos, podrías empezar a alardear y mentir. Por lo general, los intentos de superar a alguien no son halagadores, y a veces, la gente resentida actúa de esta manera desesperada para probar su valor.

FRENA TUS CELOS

Antes de detener los resentimientos por los logros ajenos, Dan tuvo que hacer una pausa para evaluar su propia vida. Cuando decidió crear su propia definición de éxito (que incluía pasar tiempo con su familia y criar a sus hijos de acuerdo con sus valores), fue capaz de convencerse de que la buena suerte de sus vecinos no demeritaba sus esfuerzos por lograr sus propias metas.

Dan cambió su forma de pensar y lidió con sus inseguridades. Estaba convencido de que los niños del vecindario molestarían a sus hijos si no les daba la mejor ropa y los aparatos electrónicos más recientes. Cuando reconoció que todos los niños son molestados algunas veces, y que no hay garantías de que las posesiones materiales puedan prevenir eso, logró detener su necesidad de comprarles todo. Al darse cuenta de que sin querer los estaba haciendo materialistas (y no deseaba que tuvieran esa característica) volcó sus esfuerzos en pasar más tiempo de calidad con ellos.

CAMBIA TUS CIRCUNSTANCIAS

Durante dos meses, atendí en el consultorio a un hombre que estaba lidiando con muchos y diferentes problemas. Diario les gritaba a sus hijos y maldecía a su esposa. Fumaba marihuana un par de veces al día y más o menos una vez a la semana bebía hasta desmayarse. Había estado "buscando empleo" por seis meses y tenía muchos gastos por pagar. De manera rutinaria se quejaba de lo injusta que era su vida y peleaba con cualquiera que le ofreciera ayuda. Un día entró al despacho y me dijo: "Amy, no me siento bien conmigo." Para su horror yo dije: "Qué bueno, eso está bien." Me miró perplejo y contestó: "¿Por qué me dices eso? Tu trabajo es ayudarme con mi autoestima." Le explique que, basada en su comportamiento, no sentirse bien consigo mismo era una señal sana. Lo último que quería era ayudarlo a que, en su situación presente, se sintiera bien. Claro que no le habría dicho eso a cualquier paciente, pero ya lo había tratado por un tiempo y sabía que podría tolerarlo.

Durante los siguientes meses tuve el placer de verlo crecer y cambiar. Y al final del tratamiento se sentía mejor consigo mismo, y no sólo por los falsos elogios y porras que se echaba. Obtuvo un empleo, dejó de abusar del alcohol y de las drogas y trabajó duro para tratar a las personas con amabilidad. Su matrimonio mejoró. La relación con sus hijas mejoró. Se sintió mucho mejor cuando empezó a comportarse de acuerdo con sus valores. Sentirse mal era un indicador de que necesitaba cambiar.

Si no te sientes bien con quien eres es importante examinar cuál podría ser la razón. Tal vez no te estás comportando en una forma que genere una buena autoestima. Si ese fuera el caso debes examinar qué puedes cambiar en tu vida para alinear tu comportamiento con tus valores y tus metas.

CAMBIA TU ACTITUD

Si tu comportamiento ya está alineado con tus valores y metas y sin embargo resientes los logros de los demás, tal vez hay pensamientos irracionales interfiriendo con tu habilidad de apreciar esos logros. Si muchas veces piensas cosas como: "Soy un estúpido" o "no soy tan bueno como otras personas", es probable que te moleste ver a otros disfrutando del éxito. Claro que tus pensamientos irracionales pueden ser sobre ti y/o sobre otras personas.

Un estudio de 2013 titulado "Envy on Facebook: A Hidden Threat to User's Life Satisfaction" (Envidia en Facebook: Una amenaza escondida para la vida satisfactoria de los usuarios) explicó por qué algunas personas experimentan emociones negativas mientras navegan en Facebook. Los investigadores descubrieron que la gente siente más molestia y resentimiento cuando sus "amigos" comparten fotos de vacaciones y reciben muchos mensajes y felicitaciones en sus cumpleaños. Lo alarmante es que el estudio concluyó que las personas que experimentan muchas emociones negativas mientras navegan en Facebook presentan declives generales de satisfacción en sus vidas. ¿En realidad el mundo se ha convertido en eso? ¿En qué momento la vida dejó de satisfacernos sólo porque otro adulto recibió muchas felicitaciones en Facebook o porque nuestro amigo se fue de vacaciones?

Si te descubres resentido con otras personas, usa estas estrategias para cambiar tus pensamientos:

- *No te compares con otras personas.* Compararte con alguien más es como comparar manzanas y naranjas. Cada quien tiene sus propios talentos, habilidades y experiencias, así que no es la forma correcta de medir tu autoestima. Más bien compárate con quien eras antes y mide tu crecimiento como individuo.

- *Desarrolla un reconocimiento de estereotipos.* Esfuérzate en conocer a la gente en vez de juzgarlos según los estereotipos. No supongas que alguien que tiene mucho dinero, fama o cualquier otra cosa que puedas envidiar, es malvado.

- *Deja de enfatizar tu debilidad.* Si te concentras en todo lo que no tienes o no puedes hacer, te predispones a enojarte con los que sí lo logran. Enfócate en tus fortalezas, habilidades y talentos.

- *Deja de magnificar las fortalezas de otras personas.* Muchas veces, el resentimiento surge al exagerar lo bien que le va a alguien y concentrarse en lo que tiene.

Recuerda que todos tenemos debilidades, inseguridades y problemas, incluso la gente exitosa.

- *No insultes los logros de otras personas.* Demeritar los logros de alguien sólo generará resentimientos. Evita decir cosas como: "Su ascenso no es para tanto. Sólo lo obtuvo porque es amigo del jefe."

- *Deja de tratar de determinar qué es justo.* No te concentres en lo que no es justo. Por desgracia, a veces la gente hace trampa para lograr algo. Y algunas personas alcanzan el éxito gracias a las oportunidades. Pero mientras más tiempo pases pensando quién merece el éxito y quién no, menos tiempo tendrás para dedicarlo a algo realmente productivo.

CONCÉNTRATE EN LA COOPERACIÓN Y NO EN LA COMPETENCIA

En mi carrera he conocido muchos matrimonios que llevan una cuenta y demandan que las cosas sean "justas". También he visto jefes que resienten el éxito de sus empleados, incluso cuando beneficia a la compañía.

Siempre tratarás de "ganar" si sigues viendo a la gente que te rodea como competidores. Y no puedes tener relaciones saludables con las personas cuando sólo piensas cómo vencerlas y no cómo ayudarlas. Emplea algo de tiempo en examinar a las personas que ves como rivales. Tal vez quieres ser más atractivo que tu mejor amigo o quieres tener más dinero que tu hermano. Toma nota sobre la manera en que afecta a tu relación ver a estas personas como tu competencia. ¿Y si los consideraras como parte de tu equipo? Incluir gente con habilidades y talentos diferentes en tu vida puede ser una gran ventaja. Si tienes un hermano que es bueno con el dinero, en vez de tratar de comprar los mismos juguetes costosos que él compra, ¿por qué no aprendes algunos consejos financieros? Si tienes un vecino muy saludable ¿por qué no pedirle que te pase algunas recetas? Comportarse con humildad hace maravillas con la manera en que te ves a ti mismo y cómo te ven los demás.

Como vimos en el capítulo anterior, una parte del éxito de Milton Hershey fue gracias a que aprendió de sus errores, pero su habilidad de aceptar el éxito de los demás también lo ayudó a lo largo del camino. Ni siquiera se resintió cuando uno de sus empleados, H.B. Reese, inició una compañía de dulces en la misma ciudad. Reese usó el conocimiento obtenido de Hershey para inventar su propio dulce mientras trabajaba en la fábrica de chocolate. Después de unos cuantos años, Reese creó dulces de crema de cacahuate cubiertos de chocolate y usó la fábrica de chocolate de Hershey como su abastecedor de leche con chocolate.

A pesar de que Hershey pudo haber visto con facilidad a Reese como un competidor que le robaba clientes, no lo hizo, al contrario, lo apoyó en su negocio. Los dos quedaron en buenos términos mientras vendían dulces en la misma comunidad. De hecho, después de que ambos murieron, las dos compañías se unieron y el dulce de Reese continúa siendo uno de los productos más populares de Hershey. Es claro que la historia podría haber terminado de forma diferente. Incluso, ambos negocios se podrían haber arruinado si no hubieran cooperado. Pero los dos hombres fueron amigables y cooperativos durante toda su carrera.

Cuando eres capaz de alegrarte por los logros de alguien más, atraes (en vez de alejar) a la gente exitosa. Rodearte de personas que trabajan duro para alcanzar sus metas es bueno para ti. Te motivan, inspiran y obtienes información que te puede ayudar a lo largo del camino.

CREA TU PROPIA DEFINICIÓN DE ÉXITO

Aunque mucha gente piensa que el triunfo es sinónimo de dinero, es claro que no todos desean riquezas. Tal vez tu definición de éxito en la vida es dar a la comunidad tu tiempo y habilidades. Quizá te sientas mejor contigo mismo trabajando menos horas para ofrecer más tiempo a gente con necesidad. Si ésa es tu definición de éxito no necesitas resentirte por alguien que decide juntar mucho dinero siguiendo la suya.

Cuando escuchas a alguien decir "tengo lo que siempre había querido y sin embargo no soy feliz", con frecuencia es porque en realidad no tienen lo que siempre habían querido. Están viviendo según la definición de éxito de alguien más en vez de ser honestos con ellos mismos. Toma el caso de Dan. Estaba trabajando para tener las mismas cosas materiales que sus vecinos. Sin embargo eso no lo hacía feliz. Él y su esposa habían decidido que ella dejara su trabajo porque eso era más importante que el dinero extra que pudiera llevar a casa. Pero perdió noción de esos valores y comenzó a copiar a sus vecinos.

A veces es mejor ver el panorama general de tu vida y no sólo la fase que atraviesas para generar tu propia definición de éxito. Imagina que estás al final de tu vida y ves los años hacia atrás. ¿Qué respuestas a estas preguntas te darían más sensación de paz?

- ¿Cuáles fueron mis mayores logros? ¿Tus mayores logros implican dinero? ¿Las contribuciones que hiciste a otras personas? ¿La familia que construiste? ¿El negocio que creaste? ¿El hecho de que hiciste una diferencia en el mundo?

- ¿Cómo sabré que logré eso? ¿Qué evidencia tienes de haber cumplido tus metas? ¿La gente te dice que aprecia tu ayuda? ¿Tienes una cuenta bancaria que demuestra que hiciste mucho dinero?

- ¿Cuáles fueron las mejores formas en que gasté mi dinero, tiempo y talentos? ¿Qué recuerdos es probable que sean los más importantes en tu vida? ¿Qué tipo de actividades te darán un mayor sentimiento de satisfacción y orgullo?

Escribe tu definición de éxito y recuérdala cuando te veas tentado a sentir resentimiento por otros individuos que están siguiendo la suya. El camino al éxito de cada persona es diferente y es importante reconocer que tu ruta es única.

PRACTICA FESTEJAR LOS LOGROS DE LOS DEMÁS

Si estás trabajando siguiendo tu definición de éxito y reconoces tus inseguridades, puedes festejar los logros de otras personas sin ningún resentimiento. Si aceptas que no estás compitiendo con nadie, dejará de preocuparte que los triunfos de alguien más te hagan quedar mal. Además te sentirás feliz en verdad por alguien que consiguió superar algo, juntó más dinero o hizo algo que tú nunca has hecho.

Peter Bookman es un excelente ejemplo de alguien que festeja los logros de los demás, a pesar de que, según algunas personas, debería tener resentimiento. Como emprendedor, ha estado involucrado en la creación de varias compañías exitosas. Fue fundador de la compañía que después se convertiría en Fusion-io, una compañía de sistemas de *hardwares* y *softwares* cuya lista de clientes incluye firmas de la talla de Facebook y Apple. Después de tres años y medio ayudando a construir el negocio Peter le dijo a los inversionistas y la mesa directiva que su visión del futuro era diferente a la de ellos. Así que dejó la compañía y vio que varias de las personas que él había contratado obtuvieron mucho éxito.

De hecho, Fusion-io se convirtió en una compañía de mil millones de dólares, es decir, 250 millones a los fundadores después de que Peter se fue. Él se sentía feliz por ellos en lugar de resentir el éxito de la compañía. Reconoce que mucha gente le ha dicho que debería estar furioso porque la empresa que él fundó se hizo tan exitosa sin él. Cuando le pregunté por qué no sentía ningún rencor me dijo: "No veo cómo sus logros me quitan algo. Estoy feliz de haber formado parte y quiero ayudar a otros a conseguir sus sueños sin importar si el resultado es para mi conveniencia o no." Es claro que Peter no desperdicia ni un solo minuto de su vida resintiendo el éxito de los demás. Está muy ocupado celebrando al lado de la gente que alcanzó su sueño.

¿CÓMO ACEPTAR LOS LOGROS DE OTROS TE HARÁ MÁS FUERTE?

Según todos los testigos, Herb Brooks fue un exitoso jugador de hockey durante la preparatoria y la universidad y en 1960 se hizo miembro del equipo olímpico de Estados Unidos. Una semana antes de que empezaran los Juegos Olímpicos, sacaron a Brooks del equipo. Se quedó en casa a ver cómo sus compañeros se iban sin él y ganaron la primera medalla de oro para Estados Unidos en hockey varonil. En vez de mostrarse molesto por haber sido eliminado del equipo ganador, Brooks se acercó al entrenador y le dijo: "Bueno, tomaste una buena decisión, ganaste."

Aunque mucha gente se habría visto tentada a renunciar al hockey, Brooks no estaba listo para rendirse. Continuó para jugar en las olimpiadas de 1964 y 1968. Su equipo nunca alcanzó el mismo nivel de éxito que el año en el que quedó fuera del equipo, pero su carrera no terminó ahí. Cuando se retiró como jugador se convirtió en entrenador.

Fue contratado para dirigir al equipo olímpico después de entrenar a nivel universitario por varios años. Cuando estaba escogiendo jugadores para el equipo, buscó a los que trabajaran bien en conjunto. No quería a ningún jugador tratando de robarse los reflectores. El equipo de Brooks entró a las olimpiadas como el equipo del que no se esperaba nada, mientras que el equipo nacional de la Unión Soviética había ganado seis de las últimas siete medallas de oro. Pero bajo la dirección de Brooks su equipo derrotó 4-3 a los rusos. A su victoria inesperada se le conoció como: "Milagro sobre hielo." Después vencieron a Finlandia y ganaron la medalla de oro.

Herb dejó el hielo en cuanto su equipo ganó y desapareció de las cámaras. Es recordado por marcharse justo después del partido en vez de quedarse a festejar la victoria del equipo. Después le dijo a los reporteros que quería dejar el hielo para los jugadores, eran quienes lo merecían. No les quería robar cámara.

Herb Brooks no sólo no resintió a quienes tuvieron éxito sino que los apoyó. No quería forzar a nadie a compartir su éxito con él, en cambio, fue humilde y estaba dispuesto a ceder toda la gloria. "Escribe tu propio libro en lugar de leer el libro de alguien más sobre el éxito," fue lo que les dijo a sus jugadores.

Serás capaz de trabajar para lograr tus metas cuando dejes de sentir resentimiento por los logros de los demás. Tendrás el deseo de vivir de acuerdo con tus valores y no te sentirás ofendido o engañado por gente que vive según los suyos.

Dan sintió una especie de paz y liberación tan pronto como empezó a concentrarse en alcanzar su definición de éxito. En vez de competir con sus vecinos, comenzó a competir consigo mismo. Quería cambiar para ser un poco mejor cada día. Al igual que en el caso de Dan, vivir un estilo de vida auténtico es esencial para cualquier persona que quiera éxito verdadero en su vida.

CONSEJOS PARA SOLUCIONAR EL ERROR

Es fácil evitar los resentimientos cuando te va muy bien. Pero es probable que se presenten ocasiones en las que no te va así. Es ahí cuando es más difícil no sentir rencor por otras personas. Necesitas trabajar duro para mantener tus sentimientos en orden si luchas por lograr tus metas y los que te rodean ya las están alcanzando.

ES ÚTIL

- Crear tu propia definición de éxito.

- Reemplazar pensamientos negativos que generan resentimiento con pensamientos más racionales.

- Festejar los logros de los demás.

- Enfocarte en tus fortalezas.

- Cooperar en vez de competir con los otros.

NO ES ÚTIL

- Seguir los sueños de alguien más.

- Imaginar lo maravillosas que son las vidas de los otros.

- Compararte con frecuencia con la gente que te rodea.

- Demeritar los logros de los demás.

- Tratar a todos como si fueran tu competencia directa.

CAPÍTULO 10

NO SE RINDEN TRAS UN FRACASO

> **Fracasar es parte del proceso del éxito.**
> **La gente que evita el fracaso también evita el éxito.**
> *ROBERT T. KIYOSAKI*

Susan vino a verme porque sentía que su vida no era tan satis-factoria como debía ser. Estaba felizmente casada y tenía una hermosa pequeñita de dos años, su trabajo como recepcio-nista en la escuela local era estable y ella y su marido tenían finanzas saludables. De hecho, se sentía egoísta por no ser más feliz (porque sabía que tenía una buena vida).

Durante las dos primeras sesiones, Susan reveló que siem-pre quiso ser maestra. Después de la preparatoria, fue a la universidad a estudiar para profesora. Aunque ésta sólo es-taba a unas horas de casa, sentía una terrible nostalgia, era demasiado penosa y le costaba mucho trabajo hacer amigos. Descubrió que las clases eran muy difíciles y abrumadoras. Así que lo dejó a la mitad de su primer semestre.

Al poco tiempo de regresar a casa, obtuvo el empleo de recepcionista en la escuela y estuvo ahí desde entonces. Aun-que no era su trabajo soñado, pensó que sería lo más cercano que tenía a volverse maestra. En la plática de Susan era claro que aún deseaba ser profesora. Pero no tenía la confianza para hacerlo.

La primera vez que mencioné el tema de regresar a la universidad, Susan insistió en que era muy grande para eso. Cambió de opinión cuando le mostré el encabezado de una noticia reciente acerca de una mujer de noventa y cuatro años que acababa de terminar la preparatoria. Durante algunas semanas hablamos de las cosas que la detenían para regresar a estudiar. Dijo que no tenía "madera de universitaria." Después de todo, fracasó la primera vez y estaba segura de no tener la inteligencia suficiente para aprobar las clases ahora que había estado fuera de la escuela tanto tiempo.

Las siguientes semanas, discutimos sus pensamientos sobre el fracaso y si era cierto que si fallas una vez fallas de nuevo. Encontramos un patrón obvio en la vida de Susan, cuando no tiene éxito la primera vez que intenta algo, se rinde. Cuando no pudo entrar al equipo de basquetbol de su secundaria, dejó de practicar deportes. Cuando recuperó los siete kilos que había perdido con la dieta, dejó de intentar bajar de peso. Y la lista continuó hasta que descubrió cómo sus creencias sobre el fracaso influían en sus decisiones.

Mientras tanto, la alenté a revisar las opciones de las universidades, aun cuando no planeara regresar a la escuela, pues todo ha cambiado mucho en los últimos quince años. Se animó al descubrir que existen muchas alternativas para ser un estudiante de tiempo completo, además de la presencial, y en cuestión de semanas, se inscribió para tomar clases por internet. Le emocionaba pensar que esto no la alejaría de su familia y que podría hacerlo de medio tiempo.

Poco después de que inició con las clases, dijo que sentía que había encontrado lo que le faltaba. Trabajar por una nueva meta profesional parecía ser justo el reto que necesitaba para sentirse completa. Al poco tiempo terminó la terapia con un nuevo sentido de esperanza sobre su futuro y una opinión distinta del fracaso.

SI LA PRIMERA VEZ NO TIENES ÉXITO...

Mientras que a algunas personas les motiva fracasar y buscan hacerlo mejor la siguiente vez, otras sólo se rinden. ¿Te suena alguno de estos puntos?

- ☐ Te preocupa que otras personas te vean como un fracasado.
- ☐ Sólo te gusta participar en las cosas que esperas sobresalir.
- ☐ Si la primera vez que haces algo no te va bien, es probable que no lo intentes de nuevo.
- ☐ Crees que las personas exitosas nacieron con un talento natural para triunfar.
- ☐ Piensas que hay muchas cosas que no puedes aprender a hacer, sin importar cuanto te esfuerces.
- ☐ Gran parte de tu autoestima está ligado a tu capacidad de triunfar.
- ☐ La idea de fallar te aterra.
- ☐ Tiendes a crear excusas por tus errores.

☐ Prefieres mostrar las habilidades que tienes en lugar de aprender nuevas.

Fracasar no tiene que ser el fin. De hecho, muchas de las personas exitosas toman el fracaso sólo como el principio de un largo viaje hacia el triunfo.

¿POR QUÉ NOS RENDIMOS?

Susan, al igual que muchos de nosotros, creía que si cometía un error una vez lo haría de nuevo, así que no se molestaba en volver a intentar. Aunque sabía que algo le faltaba, nunca se le ocurrió que eso podía ser regresar a la universidad porque asumió que no tenía "madera de universitaria." Y no es la única. Es común que casi todo mundo se rinda después de fallar en el primer intento.

La mayoría de las veces el miedo está en el centro de nuestra poca disposición para intentar algo después de haber fracasado, pero no todos comparten el mismo temor. A algunas personas les preocupa el fallarle a sus padres, mientras que otras sienten que son muy débiles para superar los obstáculos. En lugar de enfrentar sus miedos, sólo evitan el riesgo, pues lo asocian con la humillación. Algunos de nosotros tratamos de esconder nuestros errores, otros gastan un montón de energía haciendo excusas. Un estudiante puede decir, "no tuve tiempo suficiente de estudiar para el examen", aunque haya dedicado horas a prepararlo, sólo para cubrir el hecho de su bajo desempeño. Otro tal vez esconda los resultados a sus padres porque le da pena.

Dicho de otra manera, dejamos que el fracaso defina quienes somos. Para Susan, el no poder terminar la carrera significó que no tenía la inteligencia suficiente. Alguien más puede pensar que el fracaso en su negocio es porque no está destinado a ser un empresario, o a quien no le va bien al publicar su primer libro tal vez concluya que es un mal escritor.

Rendirse también puede ser un comportamiento aprendido. Tal vez de niño, tu mamá se abalanzó para ayudarte a hacer cualquier tarea que no pudiste cumplir la primera vez. O quizá cuando le dijiste a tu maestro de matemáticas que no entendías la tarea y no la podías hacer, te dijo las respuestas en lugar de alentarte a buscarlas por ti mismo. El esperar que alguien venga a rescatarnos todo el tiempo puede ser un hábito muy difícil de romper, incluso ya de adultos, pues es poco probable que estemos dispuestos a intentar de nuevo si fallamos.

Y por último, muchas personas se rinden porque tienen una mentalidad fija de sus capacidades. No creen que tengan control sobre su nivel de habilidad, así que mejor no se molestan en mejorar e intentar de nuevo. Piensan que si no naciste con un don divino para hacer algo, no tiene caso que trates de aprenderlo.

EL PROBLEMA DE CEDER ANTE EL FRACASO

Susan gastó mucho tiempo pensando cosas como: "No soy tan inteligente para ser maestra, y nunca podré ayudar a los alumnos a superarse porque yo soy una fracasada." Esos tipos de pensamientos evitaban que lograra sus metas, y nunca se le ocurrió que podía regresar a la universidad. Si igual que Susan, te rindes después del primer fracaso, es probable que te pierdas muchas oportunidades en la vida. De hecho, fallar puede ser una experiencia maravillosa, pero sólo si sigues adelante y aprendes de tus errores.

Es difícil triunfar sin fracasar por lo menos una vez. Toma como ejemplo la historia de Theodor Geisel (también conocido como Dr. Seuss): su primer libro fue rechazado por más de veinte editoriales. Con el tiempo publicó cuarenta y seis de los libros más reconocidos para niños, algunos de los cuales se convirtieron en especiales de televisión, películas y musicales de Broadway. Si se hubiera rendido la primera vez que le negaron la publicación de un libro, el mundo no hubiera tenido la oportunidad de apreciar este estilo único de escritura que ha entretenido a los niños por décadas.

Es fácil darse por vencido después del primer fracaso y que se convierta en una profecía. Cada vez que renuncias, refuerzas la idea de que el fallar es malo, lo que en respuesta evitará que intentes de nuevo, por consiguiente, tu miedo a fracasar inhibe tu habilidad de aprender. En 1998 se publicó un estudio en el *Journal of Personality and Social Psychology* donde los investigadores compararon a niños de quinto año, unos felicitados por su inteligencia y otros por su esfuerzo. A todos les dieron un examen muy difícil. Después de mostrarles sus resultados, les daban dos opciones, podían ver la prueba de sus compañeros con menor o con mayor calificación. Los chicos felicitados por su inteligencia preferían ver los exámenes de sus compañeros con menor calificación para así poder fortalecer su autoestima. Los niños premiados por su esfuerzo prefirieron ver los exámenes de sus compañeros con mejor calificación para poder aprender más de sus errores. Si temes fallar, tienes menos probabilidades de aprender y, además, estarás menos dispuesto a intentar de nuevo.

NO TE RINDAS

Cuando Susan se dio cuenta de que fracasar la primera vez no significaba que lo haría de nuevo, estuvo más abierta a revisar sus opciones para una carrera. Una vez que empezó a comportarse como alguien que se recupera de un fracaso (investigando las universidades) comenzó a sentir más esperanza de cumplir su sueño de convertirse en maestra.

IDENTIFICA AQUELLAS IDEAS SOBRE EL FRACASO QUE TE IMPIDEN TRATAR DE NUEVO

Thomas Alva Edison fue uno de los mejores inventores de todos los tiempos. Obtuvo más de 1 093 patentes de sus productos y los recursos para financiarlos. Algunos de sus inventos más famosos incluyen la bombilla eléctrica (el foco), sus imágenes en movimiento reproducidas en su kinetoscopio y el fonógrafo. Pero no todos fueron tan exitosos. Tal vez jamás hayas escuchado de la pluma eléctrica o de su máquina para fantasmas. Esos son sólo dos ejemplos de los muchos dispositivos que fallaron.

Edison sabía que un cierto número de sus creaciones estaban ligadas al fracaso y cuando hacía un producto que no funcionaba o no parecía tener relevancia en el mercado, no se frustraba. De hecho, consideraba cada error como una oportunidad importante para aprender. De acuerdo con la biografía escrita en 1915, un joven asistente comentó en alguna ocasión que era una pena que tuvieran que trabajar semanas sin ver ningún resultado y Edison le contestó: "¡Resultados! ¿Sin resultados? Pero muchacho, ¡obtuve muchos resultados! Ahora sé cientos de cosas que no funcionan."

Si te niegas a tratar de nuevo después de equivocarte la primera vez, es probable que desarrolles creencias del fracaso erróneas e improductivas. Esas creencias influyen la manera en que piensas, sientes y te comportas ante tus errores:

- *La práctica deliberada es más importante que el talento natural.* Aunque es común que creamos que no nacimos con talento para hacer algo o jamás lo podamos hacer, muchas habilidades pueden ser cultivadas a través del trabajo constante. Investigaciones han encontrado que después de diez años de práctica diaria, una persona que no tiene talento natural puede superar a otra que sí lo posee en cosas como el ajedrez, los deportes, la música y las artes visuales. Y después de veinte años puede obtener logros de clase mundial. Pero es común que creamos que si no nacimos con el talento natural para hacer algo, jamás seremos capaces de desarrollarnos lo suficiente para ser exitosos. Esta creencia puede causar que te rindas antes de que tengas la oportunidad de cultivar las habilidades que necesitas para tener éxito.

- *La determinación es mejor indicador de éxito que el IQ.* Es claro, no todas las personas con un alto coeficiente intelectual (IQ) alcanzan el éxito. De hecho, el IQ de una persona no es un buen indicador de si será o no triunfadora. La determinación, considerada como perseverancia y pasión por lograr metas a largo plazo, demostró ser un indicador mucho más acertado.

- *Atribuir el fracaso a la falta de habilidad te guía a la impotencia.* Si crees que tu falta de capacidad es la causa de tu fracaso y consideras que no puedes mejorar esas habilidades, es probable que desarrolles un sentido de impotencia. En lugar de tratar de nuevo después de equivocarte, te darás por vencido o esperarás a que alguien más haga las cosas por ti. Si crees que no puedes mejorar, es factible que ya no trates de hacerlo.

No dejes que las ideas erróneas acerca de tus capacidades eviten que triunfes. Dedica un tiempo a analizar tus creencias sobre el fracaso. Piensa en tu camino al éxito como un maratón, no como una carrera de velocidad. Y acepta que los errores son parte del proceso que te ayuda a aprender y a crecer.

CAMBIA TUS CREENCIAS SOBRE EL FRACASO

Si crees que equivocarte es algo terrible, te costará trabajo intentarlo otra vez. Aquí hay algunos pensamientos sobre el fracaso que tal vez te desanimen de tratar de nuevo:

- Fracasar es inaceptable.
- O soy un completo triunfador o un completo fracasado.
- Fracasar siempre es mi culpa.
- Fracaso porque soy malo.
- La gente no me va a querer si fracaso.
- Si no pude hacer las cosas bien la primera vez, no podré la segunda.
- No soy tan bueno para ser exitoso.

Los pensamientos irracionales acerca de fallar pueden causar que renuncies después de tu primer fracaso. Trabaja en reemplazarlos con creencias más razonables. Es probable que fracasar no sea tan malo como crees. Enfócate en tus esfuerzos en lugar de tus resultados. Cuando trates de hacer una tarea difícil concéntrate en lo que puedes obtener de ese reto. ¿Puedes aprender algo nuevo? ¿Puedes mejorar tus habilidades aunque al principio no hayas tenido éxito? Si piensas en todo lo que puedes aprender, será más fácil que aceptes que el fracaso es parte del proceso.

Tal vez, la empatía con uno mismo (no necesariamente autoestima) sea la llave para alcanzar todo tu potencial. Ser muy exigente contigo puede llevarte a la resignación de que no eres tan bueno y ser demasiado flexible te guía a crear excusas por tu comportamiento, así que la empatía contigo mismo es el balance perfecto. Esto significa ver tus errores de manera amable, pero realista. Entender que todos tienen defectos, incluso tú, y que fracasar no te hace menos como persona. Cuando ves tus defectos de manera compasiva y empática, eres más propenso a reconocer que hay oportunidades para crecer y mejorar.

En un estudio de 2012 titulado "Self-Compassion Increased Self-Improvement Motivation", (La autoempatía aumenta la motivación de superación personal), le dieron a un grupo de estudiantes la oportunidad de mejorar sus respuestas erróneas en una prueba. Una parte de ellos tomó una postura empática ante sus errores, mientras que la otra se concentró en elevar su autoestima. Los resultados revelaron que los primeros estudiaron más y sus resultados aumentaron un 25 por ciento en la segunda prueba.

Evita que tu autoestima dependa de tus grandes logros o estarás menos dispuesto a arriesgarte a hacer cosas donde sabes que tal vez fallarás. Reemplaza los pensamientos irracionales con estos recordatorios:

- Es común que fallar sea parte del camino al éxito.

- Puedo manejar el fracaso.

- Puedo aprender de mis errores.

- Errar es el reflejo de que estoy en un reto y puedo escoger intentarlo de nuevo.

- Tengo el poder de superar el fracaso si así lo decido.

ENFRENTA TU MIEDO AL FRACASO

Mi suegro, Rob, era el tipo de persona que siempre podía reírse de sí mismo y no le daba pena repetir una y otra vez las historias de sus fracasos a todo el mundo. En realidad no creo que los calificara como tal. De hecho, estoy segura de que si los convertía en una buena historia, consideraba sus aventuras todo un éxito.

Una de las anécdotas que más recuerdo trata de cuando era piloto, en la década de 1960. Llevaba personas en un avión privado, como un servicio de taxi aéreo. A veces recogía a sus clientes cuando bajaban de un vuelo comercial y los llevaba a su destino final. Una vez en particular le tocó recoger a un rico empresario. Como la seguridad en los aeropuertos era mucho más relajada en esa época, podía encontrarse con el hombre en la pista de aterrizaje.

La mayoría de los pilotos esperaba, sosteniendo un letrero con el nombre de su cliente, pero ése no era el estilo de Rob. Más bien, cuando su pasajero salió del avión, Rob saludó con la mano y dijo: "Un placer conocerlo, señor Smith. Yo seré su piloto el día de hoy." El señor Smith respondió diciendo cuánto lo halagaba que Robert lo reconociera de inmediato. Lo que no sabía era que Rob había saludado a todos los hombres que salían del avión y les decía la misma frase: "Un placer conocerlo, señor Smith." Si la persona se veía confundida o le aclaraba que no era él, Rob sólo se hacía un lado para dar la bienvenida al siguiente hombre que bajara hasta que al final encontró al verdadero señor Smith.

Supongo que la mayoría de las personas se avergonzarían de dar la bienvenida a alguien con otro nombre, y evitarían a toda costa saludar extraños en el futuro. Pero Rob no. De manera feliz estrechó la mano de desconocidos y los llamó con un nombre que no era el suyo. Sabía que en algún momento daría con su cliente. Y no tuvo miedo de equivocarse una y otra vez hasta encontrarlo.

Si te acostumbras a fallar, cada vez te dará menos miedo, en especial cuando aprendas que el fracaso y el rechazo no son lo peor que te puede pasar.

SIGUE ADELANTE DESPUÉS DE UN FRACASO

Si tus esfuerzos no salen bien al principio, tómate un tiempo para evaluar lo que sucede y cómo quieres proceder. Si te equivocaste en algo que no es tan importante para ti, tal vez decidas que no vale la pena invertir más tiempo o energía en tratar de nuevo. Y a veces eso tiene sentido. Por ejemplo, yo soy una artista terrible. Mis dibujos por lo general son muñecos de palitos, y cuando no me salen, no creo que valga la pena gastar mi tiempo y energía buscando el éxito en esta área de mi vida. Más bien, prefiero concentrarme en cosas que me apasionen de verdad.

Si necesitas superar un obstáculo para poder alcanzar un sueño, no importa cómo, siempre vale la pena intentar de nuevo. Pero hacer exactamente lo mismo no ayudará en nada. Más bien, haz un plan que aumente tus probabilidades de éxito. Así como debes asimilar tus errores para evitar repetirlos, necesitas aprender del fracaso para tener un mejor desempeño la próxima vez. A veces, eso significa mejorar tus habilidades o buscar oportunidades donde éstas se aprecien mejor.

Es obvio que Elias "Walt" Disney no se volvió famoso sin algunos fracasos durante el camino. En un inicio abrió un negocio llamado Laugh-O-Gram, donde hizo un contrato con el Teatro de Kansas City para proyectar en pantalla cuentos de hadas de siete minutos que combinaban imágenes reales con animación. Aunque sus caricaturas se volvieron populares, Walt estaba repleto de deudas y se tuvo que declarar en bancarrota unos pocos años después.

Esto no lo detuvo. Él y su hermano se mudaron a Hollywood para iniciar el Disney Brother's Studio (estudio de los Hermanos Disney). Hicieron un contrato con un proveedor que esperaba difundir uno de los personajes creado por Walt: Oswaldo, el conejo afortunado. En pocos años el distribuidor se robó los derechos de Oswaldo y de muchas otras de sus caricaturas. Los hermanos Disney crearon rápido otras tres, teniendo como personaje principal uno que ya había inventado, Mickey Mouse. Pero no pudieron encontrar la distribución que esperaban. Fue hasta que el sonido se incorporó a las películas que pudieron ponerlo en producción.

Poco después, los hermanos Disney se volvieron muy famosos. A pesar del hecho de que estaban en la mitad de la Gran Depresión, Walt empezó a hacer películas que producían grandes ganancias. De ahí, él y su hermano crearon Disneyland, un parque temático de 17 millones de dólares. Se volvió un gran éxito y fueron capaces de utilizar esos recursos para empezar la construcción de Disney World. Por desgracia, Walt murió antes de que se terminara el parque.

Un hombre que se fue a bancarrota después de fracasar en su arriesgado negocio en la industria de las caricaturas se volvió multimillonario unos años después durante la Gran Depresión. Las mismas caricaturas rechazadas por no tener potencial para ser famosas han ganado más premios de la Academia que ninguna otra persona en la historia. Incluso después de que Walt murió, hace casi cincuenta años, la Compañía Disney tiene una gran fortuna de billones de dólares y Mickey Mouse, el personaje de Walt, continúa siendo el icono principal de Disney. Es claro, Walt fue un hombre que utilizó sus fracasos para motivarse y volverse exitoso.

LEVANTARTE DESPUÉS DE UN FRACASO TE HARÁ MAS FUERTE

Wally Amos fue un agente de talentos conocido por mandar galletas con chispas de chocolate hechas en casa a las celebridades. Se las enviaba después de una buena actuación para convencerlas de firmar con él. Le sugirieron que dejara de trabajar como agente y se dedicara a hornear galletas. Con el apoyo financiero de algunos de sus amigos famosos, abrió su primera tienda *gourmet* y la llamó "Famous Amos".

La tienda se volvió tan popular que el negocio se expandió muy rápido. Abrió muchas tiendas más a lo largo de Estados Unidos durante la siguiente década. Su éxito le valió la atención de todo el país, incluido un premio a la Excelencia Empresarial de manos del presidente Ronald Reagan.

Como salió de la preparatoria sin ningún entrenamiento formal, Amos no tenía conocimientos financieros suficientes y su imperio empezó a desmoronarse. Intentó contratar personal que le pudiera ayudar, pero para su desgracia tampoco tenían la habilidad para estabilizar la compañía. Esto se reflejó en que Amos tuvo que vender su empresa. Y no sólo tuvo que experimentar el problema económico en su negocio, también pasó por la mayor crisis financiera en la vida de una persona: perdió su casa en la hipoteca.

Pocos años después se animó a lanzar una nueva compañía de galletas: Wally Amos Presents Chip and Cookie. Los empresarios que compraron Famous Amos lo convencieron de no usar su nombre y lo cambió a "Uncle Noname". Esta nueva compañía de galletas enfrentó una fuerte competencia y no pudo salir delante. Como su deuda estaba cerca de superar el millón de dólares, se vio forzado a declararse en bancarrota.

Al final, Amos abrió una compañía de muffins. Pero esta vez dejó las operaciones del día a día a un socio que tenía experiencia en distribución de comida. Aprendió de sus errores previos (necesitar ayuda para el manejo de su negocio) y aunque su nueva empresa no llegó a la altura de la compañía de galletas, se mantiene estable hasta nuestros días.

En cierto momento, Amos enfrentó otro cambio. Keebler adquirió la empresa de galletas Famous Amos y la gerencia lo contrató para ser el vocero de producción. Aunque pudo sentirse mal ante el hecho de que la compañía que él fundó era muy exitosa ahora que ya no la tenía, con gratitud y humildad regresó a convencer gente de comprar las galletas que empezó a hacer hacía casi treinta años. Como consecuencia también encontró el éxito en volverse autor y orador motivacional.

Los fracasos pueden moldear el carácter porque son un reto en tu nuevo camino. Pueden ayudarte a identificar las áreas de tu vida que necesitas reforzar así como las fortalezas escondidas que nunca habías notado. En el caso de Susan, una vez que se inscribió en la universidad, se volvió más segura de su habilidad para manejar los tropiezos futuros. Ya no consideró sus fracasos como el punto final sino como una manera de mejorar. Con el tiempo, aprender cómo seguir adelante después de fracasar aumenta tu fortaleza mental y te ayuda a reconocer cómo los errores mejoran tu desempeño.

Entender que estarás bien, incluso si te equivocas una y otra vez, le dará mucha paz y alegría a tu vida. No te preocuparás por ser el mejor o el que tiene más para que te quieran. Más bien, puedes descansar seguro de que con cada fracaso te vuelves mejor.

CONSEJOS PARA SOLUCIONAR EL ERROR

A veces, a las personas no les molesta mucho fracasar en un área de su vida, pero en otras sí. Alguien puede acostumbrarse a no cerrar tratos como vendedor, pero se decepciona demasiado si no lo eligen consejero municipal. Identifica las áreas en tu vida donde eres más propenso a rendirte después de un fracaso y concéntrate en cómo puedes aprender de todos los errores que experimentas. Al principio, enfrentar tus miedos y seguir adelante puede ser difícil; sobre todo si no estás acostumbrado a intentar de nuevo. Es probable que sientas varias emociones a la vez y que tus pensamientos te desanimen. Pero con la práctica, podrás descubrir cómo los errores son un paso importante para volverte exitoso.

ES ÚTIL

- Ver el fracaso como una oportunidad de aprender.

- Tratar de nuevo si tu primer intento no salió bien.

- Enfrentar tu miedo al fracaso.

- Desarrollar un nuevo plan para incrementar tus oportunidades de éxito.

- Identificar y reemplazar los pensamientos irracionales sobre el fracaso.

- Enfocarte en mejorar tus habilidades en lugar de sólo presumirlas.

NO ES ÚTIL

- Dejar que el fracaso te detenga para alcanzar tus metas.

- Considerar que los intentos futuros son una causa perdida si tu primer intento no fue exitoso.

- Renunciar porque no quieres sentirte incómodo.

- Definir una tarea como imposible sólo porque no la pudiste hacer la primera vez.

- Pensar que el fracaso es peor de lo que en realidad es.

- No participar en tareas donde sabes que es probable que no seas excelente.

CAPÍTULO 11

NO TEMEN A LA SOLEDAD

> **La desgracia del hombre surge al no querer estar tranquilo en su habitación.**
>
> *BLAISE PASCAL*

Vanessa le pidió a su doctor medicamentos para dormir, pero él le recomendó que primero tomara terapia. Aunque no estaba segura de cómo la ayudaría, vino a verme. Me explicó que no podía apagar su cerebro durante la noche. A pesar de sentirse exhausta, era común que se mantuviera despierta con la mente acelerada varias horas después de haberse acostado. Algunas veces se la pasaba pensando en lo que había hecho durante el día y otras se preocupaba por todo lo que tenía que hacer al día siguiente. A veces tenía tantas cosas en la cabeza al mismo tiempo que en realidad no sabía qué estaba pensando.

También dijo que durante el día no experimentaba ningún pensamiento angustiante. Laboraba como agente inmobiliario, sus días eran muy ocupados y, a menudo, muy largos. Cuando no estaba trabajando, comía con amigos o se conectaba con otros jóvenes profesionistas. La línea entre trabajo y el tiempo libre era borrosa pues recibía propuestas de negocios a través de las redes sociales o de varios grupos a los cuales pertenecía. Amaba su estilo de vida tan activo y disfrutaba mantenerse sin parar. Aunque su empleo era muy estresante, lo encontraba muy satisfactorio y era muy exitosa en las ventas.

Cuando le pregunté qué tan seguido estaba a solas o cada cuánto se daba la oportunidad de sólo sentarse a pensar, dijo: "Oh, nunca. No quiero gastar ni un segundo de mi vida en hacer algo poco productivo." Cuando sugerí que la razón por la cual le costaba trabajo dormir era que no le daba tiempo a su cerebro para procesar las cosas durante el día, se rio. Dijo: "No es eso. Tengo mucho tiempo para pensar. A veces pienso un montón de cosas a la vez." Le expliqué que tal vez su mente necesitaba un descanso, una oportunidad para relajarse, así que le sugerí agendarse un poco de tiempo a solas cada día. Aunque no estaba muy convencida de que la soledad pudiera ayudarla a dormir mejor, aceptó intentarlo como un experimento.

Discutimos las diferentes maneras en las que podría estar a solas con sus pensamientos. Aceptó escribir un diario durante diez minutos antes de dormir sin tener ninguna distracción (televisión, celular o música). Cuando regresó a la siguiente semana, dijo que encontraba el silencio un poco incómodo, pero que disfrutaba escribir y pensar que eso la ayudaría a dormirse más rápido.

Durante las siguientes semanas intentó otras muchas actividades, incluida la meditación y los ejercicios de consciencia. Para su sorpresa, descubrió que meditar unos minutos cada mañana era una de las partes más destacadas de su día. Y dijo que sentía su mente un poco más "callada." Continuó con el diario porque sentía que era una manera de sacar todo lo que le daba vueltas en la cabeza y la meditación le enseñó a calmar sus pensamientos acelerados. Y aunque sus problemas de sueño no fueron curados por completo, se dormía mucho más rápido.

FOBIA A LA SOLEDAD

Pasar un tiempo a solas no está en la lista de prioridades de la mayoría de las personas. Para muchos de nosotros, la idea de estar a solas no es tan agradable. Para otras es aterradora. ¿Te describe alguno de estos puntos?

- ☐ Cuando tienes tiempo libre, lo último que quieres hacer es sentarte y pensar.

- ☐ Crees que pasar tiempo a solas es aburrido.

- ☐ Te gusta tener la televisión o el radio prendido para que hagan ruido mientras estás haciendo cosas en tu casa.

- ☐ Te incomoda el silencio.

- ☐ Para ti estar solo y sentirte solo es lo mismo.

- ☐ Nunca disfrutarías ir solo al cine o aun un concierto.

- ☐ Te sientes culpable de hacer cosas solo.

- ☐ Cuando tienes unos minutos a solas en una sala de espera, o entre dos tareas, lo más probable es que hagas una llamada telefónica, mandes mensajes de texto o uses alguna red social.

- ☐ Es frecuente que cuando vas manejando y estás solo prendes el radio o hablas por teléfono para entretenerte.

☐ Escribir un diario o meditar te parece una pérdida de tiempo.

☐ No tienes el tiempo ni la oportunidad para estar solo.

Dedicarte un momento para estar a solas con tus pensamientos puede ser una experiencia poderosa, fundamental para ayudarte a conseguir tus metas. La fortaleza mental requiere que le quites tiempo a las ocupaciones de la vida diaria y se lo dediques a tu crecimiento personal.

¿POR QUÉ EVITAMOS LA SOLEDAD?

Vanessa no creyó que estar sola fuera una manera productiva de usar el tiempo. Se concentraba tanto en volverse importante dentro de la industria inmobiliaria que se sentía culpable cuando no socializaba o creaba contactos. No quería perderse la oportunidad de concretar una venta.

Aunque la soledad tiene muchas cosas positivas en la mayoría de las religiones (se describe a Jesús, Muhammad y Buda como personas solitarias), en la sociedad moderna desarrolló una connotación negativa. Es común que los casos de soledad extrema (alguien caracterizado como "ermitaño") se proyecten de manera negativa en las caricaturas, cuentos de hadas y películas. Bromas como volverse "la señora de los gatos" también sirve como una sutil sugerencia de que "estar solo puede volverte loco". Los padres castigan a sus hijos aislándolos cuando se portan mal, lo que manda el mensaje de que estar a solas es un castigo. Y el término "confinamiento solitario" se usa para describir lo que le pasa a los peores internos de una cárcel. Claro que la soledad extrema no es saludable, pero parece que se volvió tan mala que incluso estar un rato a solas ya nos parece desagradable.

La idea de que "estar a solas es malo" y "estar rodeado de gente es bueno" nos presiona para llenar nuestros calendarios sociales. A veces, existe la impresión de que estar sólo en casa un sábado por la noche no es saludable o significa que eres un "perdedor". Mantener una agenda sobresaturada también ayuda a la gente a sentirse mejor. Entre más suene tu teléfono y más planes tengas, debes ser más importante.

Mantenerte ocupado también es una maravillosa distracción. Si tienes problemas en los que no quieres pensar, ¿por qué no invitar al vecino a cenar o ir de compras con alguna amiga? Después de todo, no tendrás que pensar en tus problemas si tienes la mente ocupada con una buena conversación. Incluso si no te es posible pasar tiempo con la otra persona de manera física, los avances en la tecnología ayudan a estar acompañado. Puedes hablar por teléfono a casi todo el mundo, usar las redes sociales para estar siempre en contacto con los demás y mandar mensajes de texto durante los segundos que tienes libre. De manera virtual puedes evitar estar sólo con tus pensamientos casi todo el tiempo.

También hay presiones sociales de ser productivo. Las personas que sienten que deben hacer algo todo el tiempo tal vez consideren el "tiempo a solas" como "tiempo perdido". Así que llenan cada segundo con alguna actividad. Ya sea limpiar la casa o escribir más listas de cosas por hacer, parece que no ven mucho valor en darse un tiempo para sentarse y sólo pensar porque eso no produce resultados inmediatos y tangibles. De hecho, tal vez se sientan culpables por no estar "haciendo algo".

Y entonces, obvio, algunos individuos simplemente no se sienten cómodos cuando están solos. Crecieron acostumbrados al caos, a siempre oír ruido, a las actividades constantes. Pausa, silencio y cuidado personal no son palabras de su vocabulario. Les aterra estar solos porque es posible que piensen cosas que podrían incomodarlos. Si tienen unos pocos momentos libres, tal vez recuerden algo triste o se preocupen por el futuro. Así que, en un intento por guardar o encerrar sus emociones molestas, mantienen sus mentes tan ocupadas como sea posible. Estar solo a menudo se confunde con ser solitario. Los sentimientos de soledad se relacionan con falta de sueño, presión arterial alta, un sistema inmune débil y el incremento de las hormonas del estrés. Pero estar a solas no siempre causa sentimientos de soledad. De hecho, muchas personas se sienten solitarias aun cuando están rodeadas de gente. La soledad se refiere al sentimiento de que no existe nadie ahí para ti. Pero estar a solas se refiere a tomar la decisión de estar solo contigo y tus pensamientos.

EL PROBLEMA DE TEMER A LA SOLEDAD

Vanessa, entre más llenaba su día con actividades constantes, menos podía apagar su cerebro durante la noche. Y entre más pensamientos acelerados tenía, más trataba de ahogarlos. Era un círculo vicioso constante. Su actividad cerebral la mantenía despierta durante la noche, así que empezó a asociar el "tiempo en silencio" con estrés. Incluso empezó a dejar la televisión prendida mientras trataba de dormirse porque quería tapar sus pensamientos.

Atender todo el tiempo nuestras responsabilidades diarias y relaciones puede salir caro si no nos tomamos un momento para restablecernos. Por desgracia, los beneficios de la soledad a menudo se ignoran o minimizan. A continuación te muestro algunos de los mayores beneficios descubiertos en investigaciones de Estados Unidos:

- *Regular el tiempo a solas es bueno para los niños.* Un estudio de 1997 llamado "The Emergence of Solitude as a Constructive Domain of Experience in Early Adolescence" (La soledad como un dominio constructivo de la experiencia en los jóvenes adolescentes) encontró que los chicos de 10 a 15 años que pasan lapsos moderados a solas son menos propensos a demostrar problemas de comportamiento. También obtuvieron puntajes menores en las escalas de depresión y sacaron mejores calificaciones en la escuela.

- *Estar solo en la oficina puede aumentar la productividad.* Aunque la configuración de muchas oficinas promueve amplios espacios de trabajo y largas reuniones creativas, un estudio de 2000 llamado "Cognitive Simulation in Brainstorming" (Simulación cognitiva en reuniones creativas) encontró que la mayoría de las personas se desarrollan mejor cuando tienen un poco de privacidad. Momentos alejados de los demás mostró tener relación con mejores niveles de productividad.

- *El tiempo a solas puede incrementar tu empatía.* Cuando las personas pasan tiempo a solas, son más propensas a sentir compasión con los demás. Si pasas mucho tiempo con tu círculo social es más fácil que desarrolles una mentalidad de "nosotros contra ellos", la cual puede hacer que te comportes de manera menos compasiva hacia aquellos que están fuera de tu círculo social.

- *Pasar tiempo a solas enciende la creatividad.* Muchos artistas, escritores y músicos famosos relacionan la soledad con un mejor desempeño. Algunos estudios sugieren que pasar tiempo lejos de las demandas de la sociedad estimula la creatividad.

- *La habilidad de estar solo es buena para la salud mental.* Aunque hay mucho énfasis en la importancia de las habilidades sociales, la evidencia sugiere que las habilidades de estar solo tal vez sean igual de importantes para la salud y el bienestar. La capacidad de tolerar el tiempo a solas se vincula al incremento de la felicidad y satisfacción de vida y mejora el manejo del estrés. Las personas que disfrutan el tiempo a solas también experimentan menor depresión.

- *La soledad ofrece restauración.* Un tiempo a solas ofrece la oportunidad de recargar tus baterías. Las investigaciones demuestran que estar solo, rodeado de naturaleza, ofrece descanso y restauración.

Aunque puede ser un reto que bajes el ritmo y te tomes un tiempo de descanso, recuerda que puede haber serias consecuencias si no lo haces.

Mi buena amiga Alicia experimentó unas consecuencias extremas hace unos cuantos años. No la conocía en ese entonces, así que me sorprendió saber cómo el estrés pudo tener efectos tan graves en su vida (porque no se cuidaba).

Acababa de dar a luz a su primera hija y trabajaba de veinticinco a treinta horas a la semana en un lugar que no le encantaba. Regresó a la universidad de tiempo completo porque se sentía mal de no haberse titulado aún. También sentía mucha culpa porque su apretado horario la alejaba de su bebé.

Las demandas de la maternidad, trabajo y estudio tuvieron un alto costo para Alicia. Experimentaba una ansiedad constante y a veces sentía que no podía ni respirar. Empezó a tener brotes de urticaria y perdió el apetito. Pero ignoró los síntomas de alerta de que el estrés subía a niveles muy altos y peligrosos y siguió adelante. El día que la alcanzó inició como cualquier otro, o eso le dijeron. No recuerda nada. De hecho, lo primero que recuerda es estar en el hospital rodeada de su familia.

La aterró saber que la encontraron en una gasolinera desorientada por completo. El empleado de ahí reconoció su confusión y llamó a una ambulancia. Los paramédicos le hicieron algunas preguntas, como cuál era su nombre o dónde vivía, pero no pudo contestar ninguna de ellas. Lo único que pudo decirles fue que su bebé estaba sola en casa.

La policía registró su carro y encontró su cartera y el celular. Contactaron a la familia y descubrieron que la bebé estaba en casa, a salvo, y la cuidaba su esposo. La familia comentó que Alicia se veía bien en la mañana, antes de salir. Platicó un rato, se preparó para ir a la escuela y se despidió de la bebé casi llorando. Incluso le habló a su papá durante el camino. Pero en algún momento del trayecto, se desorientó.

Después de confirmar que no había consumido alcohol o drogas, los doctores buscaron descartar la posibilidad de un derrame o alguna otra lesión cerebral. Cuando todos los resultados salieron negativos, el diagnóstico de Alicia fue una amnesia global transitoria, una rara forma de amnesia temporal que puede ser disparada por una angustia emocional severa. Por fortuna, los síntomas se quitaron en unos pocos días y no tuvo ninguna secuela.

Este incidente le abrió los ojos sobre la importancia de cuidarse a sí misma. Dice que en el pasado, solía despertar pensando todas las cosas que "tenía" que hacer y gastaba sus días corriendo para terminar sus listas de pendientes. Ahora, lo hace con más calma y toma su tiempo para disfrutar cada día haciendo cosas como pasear a su perro y trabajar en su jardín. Es mucho más consciente de sus niveles de estrés y se cuida más. Su historia sirve como moraleja y muestra la importancia de desacelerar y escuchar los signos de alerta sobre el estrés que nos da nuestro cuerpo.

SIÉNTETE CÓMODO CON ESTAR SOLO

Vanessa llenaba sus días con actividades que se volvían más importantes que pasar tiempo a solas. La única forma en que pudo incorporar estos momentos a su rutina diaria fue agendándolos y tratándolos como cualquier otra de las citas importantes. También tuvo que ver sus actividades solitarias como una práctica. Aprender nuevas habilidades como meditar, hacer ejercicios de consciencia o escribir todos los días en un diario, requiere dedicación. Al principio, aprendió meditación leyendo y viendo tutoriales en internet. Pero cuando se dio cuenta de que sí la disfrutaba, tomó clases. Sentía que entre más aprendía, mejor equipada estaba para silenciar su mente durante la noche.

PRACTICA TOLERAR EL SILENCIO

La mayoría de nosotros estamos acostumbrados a escuchar mucho ruido durante el día. A veces la gente busca el ajetreo para evitar estar solos con sus pensamientos. ¿Tú o alguien que conoces prende la televisión o el radio para quedarse dormido? Ahogar tus pensamientos bombardeándote con ruido constante no es saludable. Crear unos cuantos momentos de silencio en tu día puede ayudarte a recargar tus baterías. Toma por lo menos 10 minutos diarios para sentarte en silencio, solo y no hacer otra cosa más que pensar. Si para ti lo normal es el ruido y las actividades constantes, al principio el silencio será incómodo. Pero con la práctica se hará cada vez más fácil. Usa tu tiempo a solas para hacer lo siguiente:

- *Piensa en tus metas.* Usa unos momentos de cada día para pensar en tus objetivos personales y profesionales. Evalúate y considera los cambios que puedes hacer.

- *Pon atención a tus sentimientos.* Reflexiona en cómo te sientes, física y emocionalmente. Revisa tu nivel de estrés y si te cuidas bien. Piensa en todas las maneras de mejorar tu vida.

- *Crea metas para el futuro.* No dejes de soñar en cómo quieres que sea tu vida. El primer paso para crear el futuro que quieres es decidiendo cómo quieres que se vea.

- *Escribe un diario.* Ésta puede ser una herramienta poderosa para ayudarte a entender y aprender de tus emociones. Algunas investigaciones muestran que si escribes sobre tus experiencias y las emociones que éstas generan a su vez, mejora el sistema inmune, disminuye el estrés y aumenta la fortaleza mental.

Vivimos en un mundo donde podemos estar siempre conectados con los demás. Pero la conexión digital significa que tenemos pocas oportunidades de estar solos con nuestros pensamientos. Tomar tu teléfono para ver si tienes mensajes, revisar tus cuentas de redes sociales y leer tus notificaciones en internet puede quitarte mucho tiempo. Sólo unos minutos aquí y unos minutos allá puede convertirse en varias horas al final del día. La comunicación constante interrumpe tus actividades diarias y puede incrementar el estrés y la ansiedad. Intenta lo siguiente para tomar un descanso de la tecnología e incorporar más tiempo en silencio durante tu día a día.

- Apaga la televisión cuando no la estés viendo.
- Maneja sin encender el radio.
- Sal a caminar sin llevar el celular.
- Apaga todos tus dispositivos de vez en cuando para tomar un descanso.

AGENDA UNA CITA CONTIGO

La clave para hacer que el tiempo a solas en realidad te ayude es que tú lo decidas así. Por ejemplo, las personas mayores que viven aisladas de la sociedad tienden a sentirse solas y son menos propensas a salir beneficiadas con esto. Pero los que tienen vidas muy ocupadas con mucha interacción social, agendar un tiempo a solas puede darles la oportunidad de descansar y renovarse. Si te sientes incómodo con esta idea, la llave es crear experiencias positivas con la soledad. Además de tener unos pocos minutos de tiempo a solas cada día, agenda una cita contigo por lo menos una vez al mes.

Al decir "una cita" es más fácil que recuerdes que escoges hacer algo solo, no por falta de amigos, sino porque es algo saludable. Una investigación de 2011 titulada "An Exercise to Teach the Psychological Benefits of Solitude: The Date with the Self" (Ejercicio para enseñar los beneficios psicológicos de la soledad: La cita con uno mismo) encontró que la gran mayoría de las personas que agendan una cita a solas experimentan más calma y serenidad. Disfrutan la libertad de hacer lo que quieren sin ninguna expectativa o limitación social. Los pocos participantes a los que no les gustó la experiencia fueron los que todavía no se sentían cómodos de estar solos. Como sea, aumentar su exposición a la soledad puede ayudarlos a disfrutar la actividad en el futuro.

Mientras que ir a pescar en medio de un lago puede ser una experiencia pacífica y rejuvenecedora para algunas personas, para muchas otras puede ser terrible. Si algo no te gusta, es menos probable que lo mantengas a largo plazo. Es mejor encontrar una actividad que quieras hacer solo y que la disfrutes para que la incluyas en tu rutina.

Si te gusta la naturaleza, considera pasar algún tiempo en ella. Si te gusta comer bien, ve a tu restaurante favorito. No tienes que quedarte en casa para apreciar la soledad. Más bien, escoge hacer algo que normalmente no harías cuando estás con otras personas. Sólo asegúrate de no clavar la nariz en un libro o pasarte el tiempo mensajeando a alguien. El punto de esta cita es que estés solo, con tus pensamientos.

APRENDE A MEDITAR

Aunque en algún momento la meditación era algo exclusivo de los monjes o los *hippies*, cada vez gana mayor aceptación. Muchos doctores, directores, celebridades y políticos aprecian el poderoso impacto que tiene en su salud mental, física y espiritual. Algunas investigaciones demuestran que altera las ondas del cerebro, y con el tiempo, éste cambia a nivel físico. Las regiones asociadas al aprendizaje, memoria y regulación emocional, empiezan a hacerse más gruesas después de unos pocos meses de practicarla.

También está ligada a una amplia variedad de beneficios emocionales, incluidos el disminuir las emociones negativas y tener una nueva perspectiva de las situaciones de estrés. Otros estudios revelan que reduce la ansiedad y depresión. Y eso sin mencionar el beneficio espiritual. Mientras que algunos afirman que meditar a solas ofrece el camino a la iluminación, otros la combinan con oración.

Investigaciones adicionales dicen que la meditación puede ayudar a disminuir una gran variedad de problemas de salud a nivel físico como asma, cáncer, insomnio, dolor y enfermedades cardiacas. Aunque algunos de estos estudios fueron cuestionados por médicos expertos, no se niega que la meditación tiene una gran influencia en tu cuerpo. Sólo pregúntale a Wim Hof.

Hof tiene el apodo de "Hombre de hielo" por su habilidad para aguantar temperaturas muy bajas sólo con meditar. Este holandés tiene alrededor de veinte récords mundiales por sus increíbles hazañas, incluida el sumergirse en hielo por cerca de una hora. Ha escalado el Monte Kilimanjaro, corrido maratones en el círculo polar, e incluso recorrió la mitad del camino al Monte Everest (que no pudo terminar por una herida en el pie), todo sólo usando *shorts*. Investigadores escépticos le hicieron pruebas porque creían que era un fraude, pero sólo llegaron a la conclusión de que es capaz de mantener una temperatura corporal constante cuando medita, a pesar de estar expuesto a temperaturas extremas. Hof enseñó a otras personas cómo controlar su propio termostato a través de la meditación.

Aunque ser capaces de meternos en una bañera con hielo por una hora no es una habilidad que la mayoría de nosotros necesita (o quisiera, en este caso), la historia de Hof demuestra la increíble conexión entre mente y cuerpo. Hay muchos tipos distintos de meditación, así que vale la pena investigar un poco para encontrar cuál es la que mejor te queda. No tiene que ser un proceso largo o muy formal. Más bien, puedes meditar sólo cinco minutos al día para calmar tu mente y desarrollar una mejor consciencia de ti mismo.

PASOS SIMPLES PARA MEDITAR

Puedes meditar con estos pasos simples y fáciles, cuando sea y donde sea.

- **Siéntate en una posición relajada.** Encuentra una postura que te permita mantener la espalada recta, ya sea en una silla o en el suelo.

- **Concéntrate en tu respiración.** Respira lento y profundo y siente cómo el aire entra y sale mientras inhalas y exhalas.

- **Vuelve a concentrarte en tu respiración.** Tu mente va a divagar y te asaltarán los pensamientos. Cuando esto suceda, sólo enfócate de nuevo en tu respiración.

EJERCICIOS DE CONSCIENCIA

Es común que el término *Mindfulness* se use como sinónimo de meditación, pero no son lo mismo. Los ejercicios de consciencia o *Mindfulness* se refieren a que pienses en lo que está pasando en el momento sin hacer juicios. En el mundo actual estamos acostumbrados a hacer muchas cosas a la vez, todo el tiempo. Mandamos mensajes mientras paseamos al perro, escuchamos la radio mientras limpiamos la cocina, o tratamos de mantener una conversación con alguien mientras tecleamos en la computadora. En lugar de ser conscientes de lo que hacemos, nos desconectamos. Nuestra mente divaga en medio de una conversación. No podemos recordar dónde dejamos las llaves aunque las traíamos en la mano. Y tampoco si cerramos bien la casa cuando acabamos de salir.

Algunos estudios demuestran que hacer ejercicios de consciencia tiene muchos beneficios similares a la meditación: reduce el estrés y los síntomas de la depresión, modera las reacciones emocionales y mejora la memoria e incluso la satisfacción en nuestras relaciones. También sugieren que puede ser la clave para encontrar la felicidad. Aumenta la salud física, fortalece las funciones inmunes y reduce la inflamación causada por estrés.

En lugar de pensar en lo que es "bueno" o "malo", o como "deberían ser" las cosas, los ejercicios de consciencia nos permiten aceptar los pensamientos por lo que son en ese momento. Incrementan tu capacidad de entender al mundo y te ayudan a "conectarte" en cada actividad que realizas durante el día. Mejoran tu confianza para estar solo y también te ayudan a vivir el momento.

Al igual que la meditación, puedes aprender estos ejercicios en libros, videos, talleres y retiros. Cada persona lo enseña de manera diferente, así que si algún método no te funciona, explora otras oportunidades para aprender más. La clave para desarrollar estas capacidades es recordar que requieren práctica y dedicación. Pero aprenderlas puede cambiar tu calidad de vida y darte una nueva perspectiva de la soledad.

MANERAS DE PRACTICAR LOS EJERCICIOS DE CONSCIENCIA

Hay muchos ejercicios. Entre más practiques, estarás más consciente y despierto en tus actividades cotidianas. Aquí hay algunos que pueden ayudarte:

- **Escanea tu cuerpo.** De forma lenta pon atención en cada parte de ti, desde la punta de tus pies hasta el final de la cabeza. Busca las áreas que están tensas y trata de relajar esos músculos.

- **Cuenta hasta diez.** Cierra los ojos y cuenta hasta diez muy despacio. Nota cómo tu mente tal vez empiece a divagar. Regresa tu atención a contar.

- **Observa de manera consciente.** Busca un objeto que tengas en la casa, como una pluma o una taza. Sostenlo con las manos y obsérvalo con atención. Ve cómo es o cómo se siente sin hacer ninguna afirmación o juicio. Sólo trata de concentrarte en el aquí y el ahora.

- **Come un bocado de manera consciente.** Toma una pequeña porción de comida, como arroz o una nuez, y explórala con todos los sentidos. Observa la textura y el color. Cómo se siente en tu mano. A qué huele. Ahora ponla en tu boca y saboréala. Mastica despacio y pon atención en el sabor y en cómo se siente en tu boca durante por lo menos veinte segundos.

PASAR TIEMPO A SOLAS TE HARÁ MÁS FUERTE

Cuando Vanessa aprendió las herramientas necesarias para reducir sus pensamientos acelerados, ya no necesitó los medicamentos para dormir. Más bien, pudo usar la meditación y los ejercicios de conciencia para calmar su mente antes de acostarse. También notó cómo estas habilidades hicieron una diferencia en su vida profesional. Mejoró su concentración durante el día. Se sentía más productiva y organizada y se deshizo de su horario caótico.

Aprender habilidades para calmar tu mente y estar solo puede ser una experiencia poderosa y que cambie tu vida. En el libro de Dan Harris *10% Happier* describe cómo la meditación cambió su vida. Como presentador de la ABC *Nightline* y de *Good Morning America*, debe verse lo mejor posible todos los días cuando está al aire. Pero en una ocasión sufrió un ataque de pánico a la mitad del noticiero. Como lo inundó una ansiedad repentina, no podía respirar bien y tuvo problemas para hablar, esto lo obligó a cortar el segmento antes de tiempo. Después aprendió que su ataque de pánico (el cual considera su mayor vergüenza en la vida) se produjo por sus intentos de automedicar su reciente depresión con éxtasis y cocaína. Aunque no había consumido nada en semanas, los efectos permanecieron en su cerebro. El ataque de pánico lo motivó a dejar de consumir drogas y empezó a buscar otras maneras de manejar su estrés.

Casi al mismo tiempo, le asignaron un reportaje sobre religión. Como parte de éste, tuvo que meditar. Aunque al principio creyó que no sentiría nada le pareció interesante, entre más aprendió se volvió más abierto. Y en su momento, descubrió por experiencia propia cómo la meditación podía darle estrategias razonables para calmar su ansiedad.

A pesar de que al principio no le encantaba la idea de decirle a la gente que meditaba, se dio cuenta de que al compartir su historia podía ayudar a otras personas. Tiene claro que la meditación no arregló todo en su vida como por arte de magia, pero dice que mejoró su humor un 10 por ciento. En su libro dice: "Hasta que vemos nuestras mentes de forma directa, sabemos en realidad de qué se trata nuestra vida."

Pasar tiempo a solas (ya sea que decidas meditar o sólo usar un tiempo en silencio para reflexionar sobre tus objetivos) es la mejor manera para conocerte mejor. Es tan importante pasar tiempo de calidad con tus seres queridos o con las personas que deseas conocer, como dedicarlo a conocerte. Desarrollar y mejorar tu sentido de consciencia puede ayudarte a reconocer lo que evita que alcances todo tu potencial.

CONSEJOS PARA SOLUCIONAR EL ERROR

Si te descubres soñando con estar solo en una isla desierta, significa que eres bueno manejando la soledad. No temas agendar un tiempo para ti. No es egoísta ni una pérdida de tiempo. Al contrario, es una de las mejores cosas que puedes hacer. Puede mejorar tu vida de muchas maneras y ayudarte a aprender cómo disfrutar cada momento, en lugar sólo de correr de una tarea a otra sin darte cuenta de lo que pasa a tu alrededor.

ES ÚTIL

- Aprender a disfrutar el silencio.

- Darte un tiempo cada día para estar a solas con tus pensamientos.

- Agendar una cita contigo por lo menos una vez al mes.

- Practicar ejercicios de consciencia para concentrarte en una tarea a la vez.

- Escribir un diario para ordenar tus emociones.

- Reflexionar todos los días en tu progreso y objetivos.

NO ES ÚTIL

- Tener ruido de fondo a todas horas.

- Correr de una actividad a otra y querer hacer algo productivo todo el tiempo.

- Llenar tu agenda con compromisos sociales sin dejar espacio para ti.

- Creer que la meditación no puede ayudarte.

- Hacer muchas cosas al mismo tiempo y desconectarte durante el día.

- Creer que escribir un diario es una pérdida de tiempo.

- Ver tu lista de pendientes y juzgar tu progreso diario por las cosas que hiciste.

CAPÍTULO 12

NO SIENTEN QUE EL MUNDO LES DEBE ALGO

> **No vayas por ahí diciendo que el mundo te debe algo.**
> **No te debe nada. Estaba aquí antes que tú.**
> *ROBERT JONES BURDETTE*

Lucas entró a terapia porque la gente del departamento de Recursos Humanos de su empresa le sugirió que aprovechara el programa de apoyo a los empleados. Tenía algunos problemas en el trabajo y a través de éste podía recibir terapias gratuitas.

Lo acababan de contratar en su primer gran trabajo desde que obtuvo la Maestría en Administración de Empresas. Estaba emocionado por la posición y creía en la compañía para la que trabajaba. Pero no sentía que sus colaboradores estuvieran tranquilos de tenerlo ahí. Explicó que a menudo hacía sugerencias a su supervisor de cómo podía mejorar la rentabilidad de la empresa, y que trataba de ayudar a sus compañeros a ser más eficientes y productivos. Les daba ideas en las sesiones de trabajo semanales, pero en realidad no creía que nadie le pusiera atención. Incluso agendó una cita con su jefe para pedirle que lo promoviera. Consideró que tener más autoridad haría que los demás tuvieran más disposición para tomar sus consejos.

Pero a su jefe no le interesó promoverlo. Más bien le sugirió que "le bajara" si quería conservar su empleo, porque sus compañeros ya se habían quejado de su actitud. Después de la reunión, Lucas fue a la oficina de Recursos Humanos a quejarse y fue ahí donde le recomendaron la terapia.

Mientras platicábamos, dijo que sentía que debían promoverlo. Aunque era nuevo en la compañía, estaba seguro de tener buenas ideas para hacer el negocio más rentable y además creía que debían pagarle más. Exploramos su hipótesis de que era un empleado súper valioso y cómo sus jefes podían ver las cosas de manera diferente. También discutimos las consecuencias de hacer dichas suposiciones. Reconoció que estas ideas le causaban claros problemas en la oficina: sus compañeros, e incluso sus jefes, estaban molestos.

Cuando Lucas pudo reconocer que su actitud de "sabelotodo" era molesta para las personas, discutimos cómo se sentían sus compañeros de trabajar con él. Algunos de ellos habían estado en la empresa por décadas y también trataban de mejorar su puesto. Lucas dijo que entendía que se sintieran molestos de que alguien que acaba de salir de la universidad les diera consejos. Admitió que por momentos pensaba que eran "estúpidos" y discutimos cómo ese tipo de ideas sólo aumentaba su deseo de tener una actitud de superioridad. Intentó reestructurar esos pensamientos para reconocer el valor que tienen los empleados que llevan mucho tiempo en la compañía. En lugar de pensar que son "estúpidos", consideraría que hacían las cosas diferentes. Cuando pensara que era mejor que alguien más, recordaría que acababa de salir de la escuela y aún tenía mucho que aprender.

NO SIENTEN QUE EL MUNDO LES DEBE ALGO

*Lucas estuvo de acuerdo con hacer una lista de las cuali-
dades que tal vez sus jefes querían ver en los mejores empleados de la compañía. Cuando la terminó, revisó cuántas tenía.
Se dio cuenta de que no cumplía con todas, como ayudar a
otros o demostrar una actitud respetuosa. Más bien se concentraba más en presumir sus habilidades y demandar cosas.*

*Accedió a dejar esta lista en un lugar visible y a aplicarla
en su comportamiento en la oficina. Cuando regresó a su
siguiente sesión, un par de semanas después, me dijo algunos
de los cambios en los que trabajó. Dejó de dar consejos que
nadie pedía. Descubrió que cuando se calmaba y dejaba de
forzar a las demás personas a escucharlo, era más fácil que le
hicieran preguntas y buscaran su opinión. Pensó que éste era
un paso definitivo en la dirección correcta y se sintió con la
confianza de seguir trabajando para ser un empleado valioso
(en lugar del recurso poco valorado que antes creía ser).*

CENTRO DEL UNIVERSO

Todos queremos que la vida nos corresponda. No es saludable creer que te deben algo sólo por quien eres o por lo que
te ha pasado. ¿Dices que sí a alguno de estos puntos?

- ☐ Crees que actúas mejor que los demás en la mayoría
  de las cosas, como manejar o interactuar con otras
  personas.

- ☐ Eres más propenso a hablar de tus grandes problemas
  que a aceptar las consecuencias.

- ☐ Afirmas que naciste para ser exitoso.

☐ Piensas que tu autoestima está relacionada con tu nivel económico.

☐ Crees que mereces ser feliz.

☐ Aseguras que ya has tenido muchos problemas y es momento de que te pasen cosas buenas.

☐ Crees que eres tan inteligente que puedes tener éxito sin esforzarte.

☐ A veces compras cosas que no puedes pagar pero lo justificas diciéndote que las mereces.

☐ Te consideras experto en muchas cosas.

Creer que no debes esforzarte tanto o que no debes pasar por el mismo proceso que todos los demás, sólo porque eres la excepción a la regla; eso no es nada bueno. Pero puedes dejar de quejarte por no tener lo que mereces y concentrarte en cómo tener la fortaleza mental que necesitas para dejar de sentirte con privilegios.

¿POR QUÉ SENTIMOS QUE EL MUNDO NOS DEBE ALGO?

Lucas es hijo único y durante toda su vida sus padres le inculcaron que había nacido para ser líder, triunfar y tener éxito. Así que cuando se graduó de la universidad, se sintió destinado para grandes cosas. Asumió que cualquier jefe reconocería de inmediato su talento y se sentiría afortunado de tenerlo en su equipo.

Ya sea alguien que enfrentó circunstancias desafortunadas y cree que merece algo que las compense o personas que creen que son superiores a todos los demás y quieren una recompensa por eso, la gente como Lucas está en todas partes. Aunque somos buenos para reconocer esta actitud en los demás, la verdad es que todos la tenemos pero no sabemos reconocerla.

Vivimos en un mundo donde es fácil confundir derechos y privilegios. Muchas veces, las personas creen que "tienen derecho a ser feliz" o "ser tratadas con respeto", incluso si esto significa pasar sobre otros para obtener lo que quieren. En lugar de tratar de ganar estos privilegios, se comportan como si la sociedad estuviera en deuda con ellas de alguna manera. La publicidad nos induce a comprar productos promoviendo el materialismo y la autocomplacencia. La idea de "lo mereces", sin importar si lo puedes pagar o no, lleva a muchos de nosotros a endeudarnos.

El sentimiento de que el mundo te debe algo no siempre tiene que ver con sentirse superior. A veces se relaciona con un sentimiento de injusticia. Por ejemplo, una persona que tuvo una niñez complicada tal vez sobregira sus tarjetas de crédito para comprarse todas las cosas que no tuvo de niño y piense que el mundo le debe la oportunidad de tener cosas buenas. Este tipo de pensamiento puede ser tan nocivo como sentirse más que otros.

Jean Twenge, psicóloga y autora de *Generation Me* (Generación yo) y de *The Narcissism Epidemic* (La epidemia narcisista), hizo muchos estudios del narcisismo y los privilegios. Descubrió que las nuevas generaciones incrementaron su deseo de riquezas materiales y disminuyeron el deseo de trabajar. Sugiere varias razones posibles para esta contradicción, entre ellas:

- *Ayudar a los niños a desarrollar su autoestima se ha desbordado*. Los programas escolares buscan aumentar la autoestima enseñando a los niños que son especiales. Dejar que usen playeras que digan SOY EL CENTRO DEL UNIVERSO o decirles muchas veces "eres el mejor" refuerza sus infladas creencias de importancia.

- *Los padres demasiado indulgentes evitan que los niños aprendan a acepar las responsabilidades de sus comportamientos*. Cuando le dan a los niños todo lo que quieren y no tienen que experimentar las consecuencias de su mal comportamiento, no aprender a valorar las cosas. Al contrario, pareciera que los premian sin importar cómo se comporten.

- *Las redes sociales alimentan las creencias erróneas de la autoimportancia*. Los jóvenes no pueden imaginar un mundo sin "selfies" y blogs de promoción personal. No es claro si las redes sociales en estos días alimentan el narcisismo o sólo son un escaparate para que las personas demuestren sus profundas creencias de superioridad. Pero la evidencia muestra que se usan para elevar la autoestima.

EL PROBLEMA DE SENTIRSE CON PRIVILEGIOS

Lucas no hacía amigos en la oficina y tampoco lo ascendieron porque se sentía con privilegios.

Este tipo de mentalidad evita que ganes cosas basadas en el mérito. Eres menos propenso a trabajar duro si te quejas por no obtener lo que mereces. Más bien, esperas que te den las cosas sólo por quién eres o por lo que te pasó. Cuando te concentras en reclamar los derechos que crees que el mundo te debe no eres capaz de aceptar la responsabilidad de tu comportamiento.

También puedes pedir cosas irreales o estar tan concentrado en obtener lo que quieres que no puedes contribuir en una relación de manera significativa.

Si siempre exiges "que te cuiden y traten bien porque lo mereces", tal vez tengas problemas al ofrecer el tipo de amor y respeto que atraiga a una buena pareja.

Si sólo piensas en ti, ser empático se vuelve un reto extremo. Si tu mente siempre dice: "Merezco comprar cosas lindas para mí" ¿por qué darías o invertirías tiempo y dinero en otra persona? En lugar de experimentar la alegría de compartir, te obsesionas con lo que no tienes.

Cuando no consigues todos los privilegios que quieres, puedes tener sentimientos de amargura porque sientes que (de alguna manera) eres una víctima. Si en lugar de disfrutar todo lo que sí tienes y tu libertad para hacer lo que quieres, piensas en lo que te falta y no puedes hacer, es casi seguro que te perderás muchas de las mejores cosas de la vida.

SUPÉRATE

Lucas necesitaba entender que sentirse con privilegios era algo que lo afectaba y a todos los que lo rodeaban también. Cuando abrió los ojos y se dio cuenta de la manera en que lo veían otras personas, cambió la forma en que percibía a sus colaboradores, además de su comportamiento hacia ellos. La disposición de trabajar duro, combinada con un poco de humildad, ayudó a Lucas a conservar su empleo.

CONCIENTIZA LOS MOMENTOS EN QUE TE CREES CON PRIVILEGIOS

Lo vemos todo el tiempo en los medios de comunicación: gente rica, celebridades y políticos actuando como si las leyes y reglas normales no se aplicaran a ellos porque son especiales. O piensa en el caso del adolescente que asesinó a cuatro personas por manejar en estado de ebriedad en Texas. El equipo de la defensa afirmó que sufría de "afluenza", es decir, pensaba que estaba por encima de la ley. El argumento fue que no debería ser declarado responsable porque creció en una familia rica con unos padres que lo consintieron y nunca lo enseñaron a ser responsable de su comportamiento. Fue sentenciado a un programa de rehabilitación, salió bajo libertad condicional y en ningún momento pisó la cárcel. Este tipo de historias son las que nos hacen preguntarnos si, como sociedad, nos volvemos cada vez más tolerantes a la idea de que el mundo sí les debe a ciertas personas más que a otras.

La versión más sutil de que los privilegios son comunes es que si no tienes el trabajo que deseas, la reacción típica de tus amigos es: "Bueno, ya tendrás algo mejor" o "mereces que te pase algo mejor después de todo esto." Pero incluso con estos comentarios, hechos con la mejor intención, el mundo no trabaja así. No importa si eres el más inteligente del planeta o si sobreviviste a las circunstancias más difíciles, no mereces más que ninguna otra persona.

Trata de ser más consciente de estos ligeros momentos en los que crees que tienes privilegios. Busca los pensamientos que indican que tienes algunas creencias escondidas de que el mundo te debe algo, como:

- *Merezco más que esto.*

- *No sigo la ley porque es estúpida.*

- *Valgo más que esto.*

- *Estoy destinado a ser exitoso.*

- *Me sucederán cosas buenas.*

- *Siempre tengo algo especial.*

La mayoría de las personas que se creen con privilegios carecen de autoconsciencia. Creen que todos los perciben de la misma forma en la que se ven a sí mismos. Lee con atención estas verdades y recuérdalas:

- *La vida no debe ser justa.* No hay poder superior o persona en la Tierra que asegure que todos los humanos debemos ser tratados de manera justa o tener lo mismo. Algunas personas tienen más experiencias positivas que otras. Así es la vida y no significa que te deba nada si te trató mal.

- *Tus problemas no son únicos.* Aunque todos tenemos vidas distintas, otros tienen los mismos tipos de problemas, penas y tragedias que tú. Hay muchas personas en el planeta que han superado cosas peores. Nadie dijo que la vida fuera fácil.

- *Puedes escoger cómo reaccionar ante las decepciones.* Aunque no puedes cambiar la situación, puedes escoger cómo responder. Enfrenta los problemas, circunstancias o tragedias que te suceden sin desarrollar una mentalidad de víctima.

- *No mereces más.* Aunque eres diferente que todos los demás, no hay nada en ti que te haga mejor que otra persona. No hay razón para que te sucedan cosas buenas o para que no dediques tiempo y esfuerzo si quieres obtener beneficios.

CONCÉNTRATE EN DAR, NO EN RECIBIR

La primera vez que oí de "Sarah's House" fue en un comercial en la radio que anunciaba un evento de recaudación de fondos. Fue hasta después que supe que Sarah y yo crecimos en la misma ciudad. De hecho ya la había visto. El último día de vida de mi mamá, estábamos en un partido de basquetbol y noté un par de gemelas en el equipo. Una de ellas era Sarah Robinson.

Conocí a la hermana de Sarah, Lindsay Turner, y ella me contó de Sarah. Cuando tenía veinticuatro, le diagnosticaron un tumor cerebral. Estuvo en cirugías y quimioterapias durante año y medio antes de perder la batalla contra el cáncer. Durante su tratamiento, Sarah no se enfocó en qué tan injusto era lo que le pasaba. Al contrario, se ocupaba más de su misión de ayudar a los demás.

Sarah conoció a otros pacientes con cáncer en el centro de tratamiento, y la horrorizó saber que muchos de ellos tenían que viajar grandes distancias para ir al hospital. Los que vivían en la zona rural de Maine tenían que hacer un viaje redondo de cinco horas, cinco días a la semana y durante seis semanas porque no podían pagar un hotel. Algunos de ellos incluso dormían en sus carros en el estacionamiento de un Walmart. Ella sabía que ésa no era la mejor forma para que alguien peleara la batalla de su vida.

Sarah quería ayudar y al principio bromeaba con que iba a comprar camas y dejar que todos durmieran en su casa, pero sabía que no era una solución a largo plazo. Así que se le ocurrió la idea de crear un albergue para enfermos cerca del centro de tratamiento. Sarah ya tenía varios años como miembro del Club Rotario. El lema del club es "Dar de sí antes de pensar en sí" y Sarah creía por completo en él. Llevó la idea al club y los miembros estuvieron de acuerdo con ayudarla a crear su albergue para enfermos.

Le apasionaba convertir su idea en realidad y trabajó muy duro para construirla. De hecho, su familia dijo que incluso cuando estaba en quimioterapia, varias veces se levantó en las noches a trabajar en su proyecto. Le dijo a su familia: "No dejaré la fiesta temprano, llegaré primero." No sólo su fe en Dios permaneció fuerte, también su deseo de hacer realidad su albergue para enfermos.

Sarah murió en diciembre de 2011 a los 26 años. Y tal como lo pidió, su familia y amigos trabajan para hacer de "Sarah's House" una realidad. En menos de dieciocho meses, ya juntaron casi un millón de dólares. Incluso la hija de Sarah se unió a la recaudación de fondos. Tiene un frasco con las palabras *Sarah's House*, y dona todo el dinero que gana de vender limonada para "Mamá". Sin ningún pago, los voluntarios trabajan sin parar para transformar una antigua tienda de muebles en un albergue de nueve habitaciones que nunca rechazará ningún paciente.

Aunque la mayoría de las personas diagnosticadas con una enfermedad terminal se preguntan "¿por qué a mí?" esa no fue la mentalidad de Sarah. Mientras su salud se deterioraba, al punto que ya no pudo ponerse la pijama, y su esposo debía vestirla, escribió en su diario: "¡¡¡Soy la persona viva más afortunada!!!"

En otra parte escribió: "Estoy segura de que 'lo di todo' (de eso se trata, de darlo todo en la vida). Nada me retiene, no tengo remordimientos, las personas en mi vida saben lo que significan para mí y me aseguro de proyectarlo siempre." Es obvio que Sarah siempre lo dio todo y es probable que ésa fuera una de las razones por las que enfrentó la muerte con tanto coraje, incluso siendo tan joven. Poco antes de morir, reveló que uno de sus deseos era inspirar a otros a unirse a su organización social porque "de eso se trata la vida". Dejó claro que cuando la gente está muriendo, nadie desea haber pasado otro día en la oficina. Al contrario, quieren haber dedicado más tiempo a ayudar los demás.

Sarah nunca gastó un minuto sintiendo que el mundo le debía nada porque tenía cáncer. Más bien se concentró en lo que podía darle al mundo. Ayudó a otros sin esperar nada a cambio.

ACTÚA COMO PARTE DEL EQUIPO

Si quieres llevarte bien con tus compañeros de trabajo, crear una amistad real o mejorar una relación amorosa, no podrás hacerlo hasta que no seas parte del equipo. Deja de concentrarte en lo que crees que hará las cosas más justas y trata de hacer lo siguiente:

- *Concéntrate en tus esfuerzos, no en tu importancia*. En lugar de poner atención a las habilidades que consideras que tienes, enfócate en tus esfuerzos. Siempre hay oportunidad para mejorar.

- *Acepta las críticas con gratitud.* Si alguien te ofrece una retroalimentación, no te apresures en pensar: "Bueno, esa persona está mal." Su comentario se basa en cómo te percibe, lo cual es diferente a cómo te percibes tú. Ten la capacidad de evaluar la crítica y considerar si quieres modificar tu comportamiento.

- *Reconoce tus defectos y debilidades.* Todos los tenemos, no importa si los queremos admitir o no. Reconocer las inseguridades, problemas y características poco atractivas hace que no desarrolles una percepción demasiado elevada de ti mismo. Sólo no uses esas debilidades como excusa para creer que el mundo te debe aún más.

- *Detente y piensa cómo se sienten los demás.* En lugar de concentrarte sólo en lo que tú crees que mereces de la vida, tómate el tiempo necesario para pensar en cómo se sienten los demás. Aumentar la empatía puede disminuir tu inflado sentido de importancia.

- *No lleves la cuenta.* No importa si dejaste alguna adicción de manera fácil o si ayudaste a alguien mayor a cruzar la calle, el mundo no debe darte nada a cambio. No lleves la cuenta de tus obras buenas, o de las veces que te fue mal, porque sólo te decepcionarás si no recibes lo que crees que mereces por ellas.

PRACTICAR LA HUMILDAD TE HARÁ MÁS FUERTE

En 1940, nació Wilma Rudolph. Fue prematura, pesó menos de dos kilos y fue una niña enferma. A los cuatro años le dio poliomielitis. Su pierna izquierda quedó inhabilitada por lo que tuvo que usar una prótesis hasta que tuvo nueve. Después necesitó un zapato ortopédico durante otros dos años. Con terapia física, Rudolph fue capaz de caminar de manera normal cuando cumplió doce y por primera vez en su vida se pudo unir al equipo deportivo de su escuela.

Fue cuando descubrió su amor y talento para correr y empezó a entrenar. Cuando cumplió dieciséis, ganó un lugar en el equipo olímpico de 1956 siendo el miembro más joven. Ganó la medalla de bronce en la carrera de relevos de 4 x 100. Cuando regresó a casa, empezó a entrenar para las siguientes olimpiadas. Se inscribió en la Universidad Estatal de Tennessee y siguió corriendo. En las olimpiadas de 1960 se convirtió en la primera mujer norteamericana en ganar tres medallas de oro en unos Juegos Olímpicos. La llamaron "la mujer más rápida en la historia". Se retiró de las competencias a los veintidós años.

Muchas personas culpan a las dificultades que enfrentaron durante la niñez de sus problemas como adultos, pero Rudolph no lo hizo. Podría pensar que cualquier experiencia negativa que tuvo se debía a que se enfermó de niña, a que como mujer afroamericana enfrentaba el racismo o a que creció siendo pobre en el centro de la ciudad. Pero Rudolph nunca pensó que el mundo le debiera nada. En alguna ocasión dijo: "No importa lo que trates de lograr. La disciplina lo es todo. Tuve la determinación de descubrir lo que la vida me tenía escondido en las calles de la ciudad." Así fue como pasó de caminar con una pierna ortopédica a ganar una medalla olímpica en cerca de cinco años. Aunque murió en 1994 su legado continúa inspirando nuevas generaciones de atletas.

Insistir en que tienes más privilegios de los que en realidad mereces no te ayudará en la vida. Sólo gastarás tu tiempo y energía y terminarás decepcionado. Lucas descubrió que al dejar de presumir y tener mayor disposición a aprender, mejoró su desempeño en el trabajo. Y al final, entendió que era necesario trabajar en sus objetivos para poder avanzar dentro de la compañía.

Cuando dejas de pedir más y más y eres capaz de sentirte satisfecho con lo que tienes, cosecharás grandes beneficios en la vida. Seguirás adelante con una sensación de paz y bienestar, sin sentir amargura o egoísmo.

CONSEJOS PARA SOLUCIONAR EL ERROR

Para aumentar tu fortaleza mental, debes aceptar lo que el mundo te dio sin quejarte de que mereces más. Y aunque es fácil pensar que no tenemos ese sentimiento de que el mundo nos debe nada (después de todo, no es una cualidad muy atractiva), la verdad es que a veces creemos que merecemos más. Pon mucha atención a las señales de alerta que te avisan que se está filtrando esta actitud y toma las medidas necesarias para liberarte de esa mentalidad autodestructiva.

ES ÚTIL

- Desarrollar una buena autoestima.

- Reconocer las áreas de tu vida donde crees que eres superior.

- Concentrarte en lo que das, en lugar de en lo que quieres tener.

- Ayudar a las personas que lo necesitan.

- Comportarte como parte del equipo.

- Pensar en los sentimientos de los demás.

NO ES ÚTIL

- Tener demasiada confianza en ti y en tus habilidades.

- Insistir en que eres mejor que los demás en casi todo.

- Llevar la cuenta de las cosas que crees que mereces en la vida.

- No querer compartir porque crees que no tienes lo que mereces.

- Buscar sólo lo mejor para ti todo el tiempo.

- Sólo considerar lo que es mejor para ti.

CAPÍTULO 13

NO ESPERAN RESULTADOS INMEDIATOS

> **Paciencia, perseverancia y trabajo son la combinación invencible para alcanzar el éxito.**
>
> *NAPOLEON HILL*

Marcy no podía identificar la razón específica por la que no estaba feliz con su vida, pero la describía como una sensación general de insatisfacción. Decía que su matrimonio estaba "bien" y que tenía una relación bastante sana con sus dos hijos. No le molestaba su trabajo pero tampoco era su carrera ideal. Sólo que no se sentía tan feliz como le gustaría y creía que tal vez estaba más estresada que el promedio, pero no podía dar más detalles.

Pasó años leyendo libros de autoayuda uno tras otro, pero ninguno le cambió la vida. Y las tres sesiones de terapia que tomó hace algunos años tampoco fueron transformadoras. Estaba bastante segura de que tener más sesiones no le ayudaría, pero pensó que si le mostraba a su doctor que había ido al psicólogo, tal vez podría convencerlo de que le recetara los medicamentos que la harían sentirse más feliz. Fue franca al decirme que en este momento de su vida, no tenía tiempo ni energía para dedicarlos a la terapia.

Le dije que tenía razón: si no quería hacer el esfuerzo, la terapia no serviría de nada. Pero también le expliqué que la medicación por lo general tampoco es un remedio fácil. De hecho, la mayoría de los antidepresivos tardan por lo menos de cuatro a seis semanas para que las personas comiencen a notar algún cambio. A veces toma muchos meses encontrar el medicamento apropiado y la dosis correcta. Y algunas personas nunca sienten ningún alivio.

Le aclaré que la terapia no necesitaba ser un compromiso de por vida. Una a corto plazo puede ser suficiente y efectiva. La cantidad de sesiones no marca la diferencia. El éxito y la velocidad con la que veía resultados lo determinaría la cantidad de trabajo que pusiera. Al saber esto, Marcy dijo que necesitaba tiempo para pensar en sus opciones. Días después me llamó y dijo que quería probar la terapia y que estaba dispuesta a darle prioridad en su vida.

En las primeras sesiones, quedó claro que Marcy esperaba resultados inmediatos en muchas áreas de su vida. Cuando probaba algo nuevo, ya fuera una clase o un hobby, rápido se daba por vencida si no veía pronto los resultados que buscaba. Algunas veces trataba de mejorar su matrimonio porque en verdad quería una relación "maravillosa" y no sólo una más o menos. Trabajaba durante unas semanas en ser la mejor esposa que podía, pero cuando no sentía la dicha marital, se rendía.

En las siguientes semanas discutimos cómo sus expectativas de gratificación inmediata la afectaban en el ámbito personal y profesional. Siempre quiso estudiar una maestría para avanzar en su carrera, pero como sentía que se tardaría mucho en obtener el título, no se molestó en hacerla. Ahora *que había postergado diez años lo que le habría tomado dos, se sentía más frustrada que nunca.*

Marcy siguió asistiendo a terapia y durante los siguientes meses descubrió estrategias que le ayudaban a tolerar la frustración y a ser paciente. Comenzó analizando varias metas que quería alcanzar, incluyendo sus estudios de posgrado y mejorar su matrimonio. Conforme identificaba pequeñas acciones que podía emprender, discutimos cómo medir su progreso. Enfrentó sus nuevas metas con una actitud diferente. Sabía que iba a tomar tiempo ver resultados significativos y se había preparado para ello. Notó que su nueva resolución para crear cambios le ayudó a mejorar su vida conforme crecía su esperanza en el futuro y su habilidad para avanzar un paso a la vez.

LA PACIENCIA NO ES TU VIRTUD

Aunque vivimos en un mundo acelerado, no podemos obtener todo lo que queremos de manera instantánea. Ya sea que quieras mejorar tu matrimonio o emprender un negocio propio, esperar resultados inmediatos puede hacerte fracasar. ¿Alguno de los siguientes puntos te suena familiar?

- No crees que el que persevera alcanza.

- Crees que el tiempo es dinero y no quieres arriesgarte a desperdiciar un solo segundo.

- La paciencia no es tu fuerte.

- Si no ves resultados inmediatos, muchas veces piensas que lo que haces no funciona.

- Quieres que las cosas se hagan ahora.

- A menudo buscas atajos para no tener que gastar tanto esfuerzo y energía en obtener lo que quieres.

- Te sientes frustrado cuando las demás personas no parecen ir a tu ritmo.

- Te das por vencido cuando no ves resultados pronto.

- Te cuesta trabajo apegarte a tus metas.

- Piensas que todo debería ocurrir rápido.

- Tiendes a subestimar el tiempo que tardarás en alcanzar tus metas o en lograr algo.

Las personas mentalmente fuertes reconocen que una solución rápida no siempre es la mejor. Para alcanzar todo tu potencial debes estar dispuesto a desarrollar expectativas realistas y entender que el éxito no llega de la noche a la mañana.

¿POR QUÉ ESPERAMOS RESULTADOS INMEDIATOS?

Marcy sentía que se había vuelto impaciente con el tiempo. Cuando las cosas no sucedían a su ritmo, se volvía demandante. De hecho, su mantra era: "Cada día te haces más vieja." Este trato agresivo funcionaba bien en algunas áreas de su vida: sus hijos y sus compañeros de trabajo estaban más dispuestos a obedecer cuando sabían que hablaba en serio. Pero su impaciencia había afectado otras áreas de su vida donde no funcionaba tan bien y había dañado algunas de sus relaciones.

Marcy no es la única que busca alivio inmediato para su angustia. Uno de cada diez estadounidenses toma antidepresivos.

Aunque estos medicamentos ayudan a las personas que tienen depresión clínica, las investigaciones demuestran que la mayoría de las personas que los toman no fueron diagnosticadas por un profesional de la salud mental. Sin embargo, muchas personas quieren tomar los medicamentos como un atajo para mejorar sus vidas. Lo mismo sucede con los niños. Los padres que tienen hijos con problemas de comportamiento a menudo piden una "pastilla" para manejarlos. Aunque el verdadero TDAH (Trastorno de Déficit de Atención e Hiperactividad) puede responder a la medicación, no existe una pastilla que haga que los niños se porten bien por arte de magia.

Vivimos en un mundo que se mueve a gran velocidad "sin filas, sin esperas". Ya no tenemos que enviar cartas y esperar varios días a que lleguen a su destino. En cambio, podemos usar correos electrónicos para transmitir información a cualquier parte del mundo en segundos. No tenemos que esperar a que terminen los comerciales para continuar con nuestros programas de televisión favoritos. Las películas *on-demand* nos permiten ver lo que queramos en un instante. Los microondas y la comida rápida nos permiten tener los alimentos en segundos. Y podemos ordenar casi cualquier cosa que queramos por internet y recibirla en la puerta de nuestra casa en las siguientes 24 horas.

Además del ritmo veloz del mundo (que nos desalienta a esperar), también hay historias flotando a nuestro alrededor de personas que se convierten en "éxitos inmediatos". Escuchamos de algún músico que es descubierto por un video de YouTube o de una estrella de un *reality show* que se convierte rápidamente en una celebridad. O de emprendedores que

273

ganan millones de dólares en cuanto echan a andar su negocio. Este tipo de historias alimentan nuestro deseo de obtener resultados rápido en cualquier cosa que hacemos.

A pesar de las historias de personas y negocios que obtienen resultados inmediatos, en la realidad, el éxito rara vez es instantáneo. El fundador de Twitter pasó ocho años creando productos móviles y sociales antes de lanzar Twitter. El primer iPod de Apple tardó tres años y cuatro versiones antes de comenzar a venderse bien. Amazon no tuvo buenos rendimientos durante los primeros siete años. A menudo se cree que estas compañías tuvieron éxito de la noche a la mañana, pero eso es porque las personas se fijan en los resultados finales y no en el trabajo que toma alcanzarlos.

Así que no es de sorprender que esperemos resultados inmediatos en otras áreas de nuestra vida. Ya sea que tratemos de quitarnos malos hábitos, como comer o beber de más, o que trabajemos para alcanzar metas como pagar una deuda u obtener un título, queremos lograrlo ahora, en este instante, pronto. Aquí tienes otras razones por las que esperamos resultados inmediatos:

• *No tenemos paciencia.* En el comportamiento cotidiano, es evidente que esperamos que las cosas sucedan de inmediato. Si no obtenemos resultados, nos rendimos. Un estudio realizado por Ramesh Sitaraman, un profesor de ciencias computacionales de la UMass en Amherst, encontró que cuando se trata de tecnología, nuestra paciencia dura dos segundos. Si al cabo de dos segundos un video no se carga, las personas comienzan a salirse del sitio web. Es claro que nuestra paciencia es muy corta y no obtener rápido los resultados que queremos realmente afecta nuestro comportamiento.

- *Sobrestimamos nuestras capacidades.* A veces tendemos a pensar que somos tan buenos en algo que veremos los resultados muy pronto. Una persona puede asumir de forma incorrecta que tiene posibilidades de convertirse en el mejor agente de ventas en su compañía durante el primer mes de empleo. Otra puede suponer que perderá diez kilos en dos semanas. Sobrestimar tus capacidades hace que te sientas decepcionado cuando te das cuenta de que no eres capaz de actuar de la forma en que predijiste.

- *Subestimamos el tiempo que toma cambiar algo.* Estamos tan acostumbrados a que la tecnología logre cosas a gran velocidad que asumimos de forma errónea que el cambio en todas las áreas de nuestra vida puede ocurrir rápido. Perdemos de vista que los cambios personales, las operaciones comerciales y las personas no se mueven ni cerca de la velocidad de la tecnología.

EL PROBLEMA DE ESPERAR RESULTADOS INMEDIATOS

Marcy se estaba perdiendo de nuevas oportunidades porque sólo quería hacer las cosas que eran rápidas y sin dolor. Aunque dedicaba muchas horas a leer libros de autoayuda, no aplicaba nada de esa información en su vida. Siempre había dejado la terapia pronto y quería encontrar una pastilla que cambiara su existencia por arte de magia. No ponía atención a muchas oportunidades para mejorar porque siempre esperaba resultados inmediatos.

Las expectativas poco realistas sobre qué tan fácil es hacer cambios y obtener resultados rápidos puede llevarte al fracaso. En un estudio de 1997 titulado "End-of-Treatment Self-Efficacy: A Predictor of Abstinence" (Autoeficacia del final de tratamiento: un predictor de abstinencia) los investigadores reportaron que los pacientes más confiados en su capacidad para abstenerse del alcohol tienen más posibilidades de recaer cuando los dan de alta del centro de rehabilitación comparados con los pacientes que tienen menos confianza. El exceso de confianza provoca la suposición de que alcanzarás tu meta con facilidad y luego, si no obtienes resultados inmediatos, tendrás problemas para mantenerte en el camino.

Esperar resultados instantáneos también provoca que abandones tus esfuerzos de forma prematura. Si no ves efectos pronto, asumes de manera incorrecta que tus esfuerzos no funcionan. El dueño de un negocio que invierte dinero en una nueva campaña de *marketing* puede creer que sus esfuerzos no dieron resultado porque no vio que sus ventas subieran de forma instantánea. Pero tal vez su inversión en publicidad está incrementando el reconocimiento de la marca, lo cual llevará a un aumento estable en las ventas a largo plazo. Alguien que va al gimnasio un mes no ve crecer sus músculos y supone que su entrenamiento no es efectivo. Pero, en realidad, está progresando poco a poco y va a lograr sus objetivos al cabo de unos meses, no de unas pocas semanas. Hay estudios que sugieren que nos rendimos y abandonamos nuestras metas más rápido que nunca. Un estudio de 1972 llamado "Self-Initiated Attemps to Change Behavior: A Study of New Year's Resolutions" (Intentos para Cambiar el Comportamiento: un Estudio de los Propósitos de Año Nuevo) encontró que 25 por ciento de los participantes en el estudio abandonó sus propósitos de año nuevo después de quince semanas. Saltemos hasta 1989, 25 por ciento de las personas abandonó sus propósitos al cabo de tan sólo una semana.

Aquí hay otras consecuencias negativas potenciales que ocurren cuando esperas ver resultados inmediatos:

- *Te sientes tentado a tomar atajos.* Si no estás obteniendo resultados tan rápidos como esperas, a veces te atrapan las ansias por apresurar las cosas de manera artificial. Si alguien a dieta no obtiene los resultados que espera en un par de semanas, recurre una dieta extrema en su intento por apresurar las cosas. Los atletas que quieren hacerse más fuertes y rápidos pueden tomar drogas que aumenten su rendimiento. A veces los atajos tienen consecuencias peligrosas.

- *No estarás preparado para el futuro.* Querer todo al momento evitará que veas el panorama general a largo plazo. El deseo de obtener resultados inmediatos es evidente en la manera en que las personas ven las inversiones. La gente quiere ver rendimientos en sus inversiones ahora, no en treinta años. La Encuesta sobre Confianza en el Retiro de 2014 encontró que 36 por ciento de los estadounidenses tienen menos de veinte mil pesos de ahorros o inversiones. Por supuesto, es probable que haya factores económicos involucrados que evitan que las personas pongan dinero en su fondo para el retiro, pero nuestro deseo de gratificación inmediata también juega un papel en esto. Las personas no quieren apartar dinero en inversiones a largo plazo porque quieren disfrutar de su dinero hoy.

- *Las expectativas poco realistas provocan que saques conclusiones equivocadas.* Si esperas resultados inmediatos, puedes caer en la tentación de asumir que has visto lo suficiente como para desarrollar una conclusión, pero en realidad puede que no haya pasado tiempo suficiente como para tener una perspectiva adecuada. Una persona que no es capaz de echar a andar un negocio en un año puede decidir que es un fracaso total en el mundo de los negocios porque no ganó dinero. Pero en realidad, no dejó que pasara el tiempo suficiente para que su proyecto se convirtiera en un negocio viable.

- *Lleva a emociones desagradables.* Cuando no se cumplen tus expectativas es probable que te sientas decepcionado, impaciente y frustrado. Al experimentar un aumento en las emociones negativas, tu progreso se hace más lento y tiendes a rendirte por completo si consideras que deberías tener mejores resultados.

- *Puedes involucrarte en comportamientos que sabotean tus metas.* Las expectativas poco realistas pueden influir en tu comportamiento y hacer más difícil que alcances los resultados que quieres. Si esperas que un pastel se hornee rápido, puede que abras el horno varias veces para revisarlo. Cada vez que lo abres, dejas escapar el calor, lo que al final hará que el pastel tarde más en hornearse. Cuando esperas que las cosas sucedan rápido, tu conducta puede interferir en tus esfuerzos antes de que te des cuenta.

COMPROMÉTETE A LARGO PLAZO

Cuando Marcy aceptó que no iba a ver resultados inmediatos, tuvo que decidir si iba a comprometerse a hacer cambios en terapia. Estaba tan cansada de que otras cosas no funcionaran que aceptó probar el tratamiento con plena conciencia de que un compromiso parcial no iba a ayudar. Al final de las sesiones, también reconoció que el desarrollo personal (como cualquier otro cambio en la vida) no ocurre de forma inmediata y que debía continuar dedicando tiempo y energía al crecimiento personal en el transcurso de su vida.

CREA EXPECTATIVAS REALISTAS

Haz la cuenta: no pagarás una deuda de millón y medio en seis meses con un sueldo anual de 900 000 pesos. No perderás diez kilos para ponerte el traje de baño en el verano, si esperas hasta mayo para empezar a hacer ejercicio. Y es probable que no asciendas en el escalafón corporativo durante el primer año en la oficina. Si tienes este tipo de esperanzas, puede que nunca alcances tus metas. Aquí hay algunas estrategias para crear expectativas realistas sobre cualquier objetivo:

- *No subestimes lo difícil que es hacer cambios*. Acepta que es difícil hacer algo diferente, esforzarte por alcanzar un objetivo o dejar un mal hábito.

- *Evita poner un tiempo límite definitivo para alcanzar tu meta*. Tener un tiempo límite estimado sobre cuándo deberías ver resultados es útil, pero evita crear uno definitivo. Por ejemplo, algunas personas afirman que puedes establecer un buen hábito o dejar un mal hábito en cierto número de días (el número mágico parece ser 21 o 38 días dependiendo de cuál estudio leas). Pero si lo reflexionas es obvio que la realidad no funciona así. Me tomaría sólo dos días acostumbrarme a comer helado de postre y unos seis meses quitar el hábito de tomar una taza de café en el desayuno. Así que no establezcas cronogramas con base en lo que crees que "debería ser". En su lugar, sé flexible y comprende que muchos factores determinan cuándo verás resultados.

- *No sobrestimes qué tanto los resultados mejorarán tu vida.* Algunas personas piensan: "Si pierdo diez kilos, todos los ámbitos de mi vida van a estar mucho mejor." Pero cuando empiezan a perder peso, no ven los resultados milagrosos que habían imaginado. Se decepcionan porque sobrestimaron y exageraron el resultado.

RECONOCE QUE EL PROGRESO NO SIEMPRE ES EVIDENTE

Otros terapeutas y yo moderábamos un grupo de padres. La mayoría de quienes se reunían tenían niños de preescolar y el problema de comportamiento más común que querían atender eran los berrinches. Los niños pequeños son famosos por su habilidad para tirarse al piso, gritar y patalear cuando no obtienen lo que quieren. Así que, como parte del programa, alentábamos a los padres a ignorar las conductas que buscan llamar la atención. A pesar de las advertencias de que el comportamiento a veces puede ponerse peor antes de mejorar, los padres a menudo se convencían de que ignorarlos no funcionaba. Cuando les preguntaban cómo sabían que no estaba funcionando decían cosas como: "Sólo empezó a gritar más fuerte" o "se levantó, corrió hacia mí, ¡y se volvió a tirar al piso para seguir con su berrinche!"

Estos padres no se habían dado cuenta todavía de que sus intentos de ignorarlos estaban funcionando. Los niños recibían el mensaje de que sus padres ya no accederían y estos astutos chiquillos aumentaban su apuesta. Imaginaban que si mamá o papá ya no iba a ceder cuando gritaran poco, entonces iban a vociferar para obtener lo que querían. Y cada vez que accedían, reforzaban los berrinches de sus hijos. Pero si los padres lograban ignorar los comportamientos que buscaban su atención, sus hijos aprenderían que los berrinches no son una forma efectiva para obtener lo que quieren. Muchas veces, los padres necesitan confiar en sus herramientas educativas. El hecho de que el comportamiento de su hijo parezca empeorar, no quiere decir que las estrategias de crianza no funcionan.

Puede que el progreso hacia tu meta no siempre sea en línea recta. Algunas cosas tienden a empeorar antes de mejorar. Y otras veces sientes que das dos pasos al frente y uno hacia atrás. Pero, si recuerdas mantener la mirada en tus metas a largo plazo, te ayudará a poner tus retrocesos en perspectiva. Antes de que te lances a alcanzar tu objetivo, ya sea que quieras comenzar un negocio o aprender meditación, considera cómo vas a medir tu progreso haciéndote las siguientes preguntas:

- ¿Cómo voy a saber si lo que hago está funcionando?

- ¿Cuál es un periodo realista para ver los primeros resultados?

- ¿Qué tipo de resultados verdaderos puedo esperar en una semana, un mes, seis meses o un año?

- ¿Cómo sabré que sigo en el camino hacia mi meta?

PRACTICA POSPONER LA GRATIFICACIÓN

Parece que unas personas son mejores que otras para posponer la gratificación. Pero la verdad es que todos pueden caer presas del atractivo de la gratificación instantánea. La gratificación inmediata es la raíz de muchos problemas, inclusive algunos problemas físicos, mentales, financieros y de adicciones. Mientras que una persona no puede resistir la galleta que no está en su dieta, otra puede no ser capaz de dejar el alcohol que trae tantos problemas a su vida. Incluso las personas que son buenas en postergar la gratificación en algunas áreas de su vida, pueden flaquear en otras.

Tomemos, por ejemplo, el caso de Daniel "Rudy" Ruettiger, cuya historia inspiradora se hizo película a principios de la década de 1990. Su historia es la quintaesencia del perdedor que persevera a fuerza de trabajo duro y dedicación. Fue el tercero de catorce hijos y soñaba con ir a Notre Dame un día. Pero sufría dislexia y pasó muchas dificultades académicas. Aplicó a Notre Dame pero fue rechazado tres veces, así que se inscribió en el Holy Cross College que estaba cerca. Después de dos años de trabajo duro, al final fue aceptado en Notre Dame en 1974.

No sólo aspiraba a ser un estudiante exitoso, sino también soñaba con jugar en el equipo de futbol americano. Pero con 1.67 de estatura y 75 kilos de peso, no parecía tener ninguna oportunidad. Sin embargo, Notre Dame permitía que sus estudiantes se presentaran como candidatos. Así que Rudy se ganó un lugar en el equipo de práctica cuyo propósito era ayudar al equipo universitario a prepararse para los siguientes juegos. Rudy se esmeró en las prácticas y puso su corazón en cada entrenamiento. Su dedicación y trabajo duro le ganaron el respeto de sus entrenadores y compañeros de equipo. Durante el último juego de su último año, le permitieron entrar como defensa en los últimos diez minutos de juego. Rudy dio todo lo que tenía en el partido (como hacía en cada entrenamiento) y logró tacklear al mariscal de campo. Sus compañeros de equipo estaban tan orgullosos que lo cargaron hasta afuera del campo celebrando entre gritos de "¡Rudy! ¡Rudy! ¡Rudy!"

Está claro que Rudy parece una persona que es buena en postergar la gratificación. Pasó años trabajando duro para lograr sus metas y no esperó resultados inmediatos: sólo tuvo unos minutos de juego real en un único partido.

Pero el hecho de que Rudy pudo trabajar duro y perseverar en algunas áreas de su vida no quiere decir que era inmune al encanto de la gratificación instantánea. En 2011 le levantaron cargos por fraude de valores luego de que la Securities and Exchange Comission (SEC, por sus siglas en inglés) reveló que había participado en un esquema fraudulento. Rudy creó una compañía que manufacturaba una bebida deportiva llamada "Rudy". Sin embargo, la SEC descubrió que Rudy y los otros dueños de la compañía habían hecho declaraciones falsas sobre el éxito de su negocio en un intento por aumentar su cotización en la bolsa y poder vender sus acciones a precios inflados. Aunque nunca se declaró culpable, sí negoció los cargos. Al final lo obligaron a pagar 300 mil dólares de multas.

El hombre que una vez fue aclamado como héroe por su trabajo duro y perseverancia cayó presa de un esquema para hacerse rico pronto sólo unas cuantas décadas después. La historia de Rudy muestra lo fuerte que es nuestro deseo de mantenernos en un camino en ciertos momentos de nuestra vida y lo rápido que podemos tirar la toalla en otros. Renunciar a la gratificación inmediata requiere de vigilancia constante. Aquí tienes algunas estrategias que te ayudarán a postergar la gratificación y evitar que esperes resultados inmediatos:

- *Mantente concentrado en el objetivo*. Ten en mente tu meta final para motivarte en los días que quieres rendirte. Recuérdate ese objetivo de manera creativa. Escribe una nota con lo que quieres logar y ponla en la pared o en tu protector de pantalla. Visualizarte alcanzándola cada día te ayudará a mantenerte motivado.

- *Celebra las etapas a lo largo de tu viaje*. No tienes que esperar hasta que alcances tu meta para celebrar tus logros. Mejor establece objetivos a corto plazo y celebra cuando completes cada etapa. Incluso algo tan simple como salir a cenar con la familia puede ayudarte a reconocer tu progreso en el camino.

- *Haz un plan para resistir la tentación*. Siempre hay oportunidades para rendirse a la gratificación inmediata. Si tratas de perder peso, encontrarás cosas dulces que te inducirán a romper la dieta. Y si intentas mantenerte bajo cierto presupuesto, los juguetes y lujos siempre estarán ahí para tentarte. Crea un plan de antemano que te ayude a alejarte de las tentaciones que puedan sacarte del camino y evitar que tengas éxito.

- *Lidia con la frustración y la impaciencia de forma saludable.* Algunos días te sentirás con ganas de rendirte y cuestionarás si debes continuar. Sólo porque te sientas enojado, decepcionado y frustrado no significa que debas renunciar. Más bien, encuentra formas saludables de lidiar con esos sentimientos negativos y asume que serán parte del proceso.

- *Conserva un ritmo constante.* Sin importar lo que estés haciendo, si esperas resultados inmediatos, encontrarás el riesgo de agotarte. Mantén un ritmo manejable para que puedas ser metódico en tus intentos por avanzar hacia tus metas. Valora el ritmo lento y estable que te ayuda a ser paciente y te asegura un lugar el camino correcto (en lugar de apresurarte lo más que puedas para obtener lo que quieres).

POSTERGAR LA GRATIFICACIÓN TE HARÁ MÁS FUERTE

El diario de James Dyson comienza en 1979. Cuando se sintió frustrado de que su aspiradora perdiera succión, se propuso construir una mejor que usara fuerza centrífuga en lugar de una bolsa para separar el aire del polvo. Pasó cinco años construyendo un prototipo tras otro (más de cinco mil en total) hasta que estuvo satisfecho con el producto.

Cuando construyó la aspiradora que lo convencía, su camino aún no terminaba. Pasó varios años tratando de encontrar un productor que estuviera interesado en la licencia de su invento. Cuando quedó claro que los productores de aspiradoras de ese entonces no estaban interesados en su diseño, Dyson decidió abrir su propia planta de producción. Su primera aspiradora salió a la venta en 1993, catorce años después de comenzar a trabajar en su primera idea. Sin embargo, su trabajo duro rindió frutos cuando la aspiradora Dyson tuvo las mayores ventas en el Reino Unido. Para el año 2002, uno de cada cuatro hogares británicos tenía una aspiradora Dyson. Si hubiera esperado construir un negocio exitoso de la noche a la mañana, es probable que se hubiera rendido hace mucho. Pero su paciencia y perseverancia dieron frutos. Más de tres décadas después, Dyson vende aspiradoras en 24 países y ha construido una compañía que vende más de 10 mil millones de dólares en productos cada año.

Alcanzar todo tu potencial requiere fuerza de voluntad para resistirte a la tentación a corto plazo. La habilidad de postergar lo que quieres tener ahora (y después obtener más) es una herramienta para el éxito. Aquí tienes lo que las investigaciones dicen sobre los beneficios de la gratificación postergada:

- La autodisciplina es más importante que el coeficiente intelectual (IQ) cuando se trata de predecir el éxito académico.

- Los puntajes de autocontrol en estudiantes universitarios se correlacionan con una mayor autoestima, mayor promedio, menores atracones de comida y alcohol y mejores habilidades interpersonales.

- La habilidad para postergar la gratificación está asociada con niveles bajos de depresión y ansiedad.

- Cuando los niños con un buen autocontrol se convierten en adultos, tienen menos problemas de salud física y mental, menos problemas de abuso de sustancias, menos sentencias criminales y mayor seguridad financiera.

No importa si tu objetivo es ahorrar dinero para irte de vacaciones el próximo año o criar hijos para que se conviertan en adultos responsables, en cualquier caso debes establecer expectativas realistas y no esperar resultados de la noche a la mañana. Más bien, debes estar dispuesto a comprometerte a largo plazo y así incrementarás las posibilidades de alcanzar tus metas.

CONSEJOS PARA SOLUCIONAR EL ERROR

Hay áreas de tu vida donde es más fácil crear expectativas realistas: volver a estudiar con la consciencia de que tardarás años en graduarte y también en ganar más dinero. O tal vez estás dispuesto a invertir dinero en tu cuenta de retiro, sabiendo que lo dejarás ahí para que crezca durante treinta años. Pero también hay otras áreas donde quieres que las cosas sucedan de inmediato: no esperar a que tu matrimonio mejore o no dejar los alimentos que te encantan pese a que el médico te los prohibió. Busca las áreas de tu vida donde podrías mejorar y encuentra estrategias para desarrollar las habilidades necesarias para tener un progreso lento pero seguro.

ES ÚTIL

- Crear expectativas realistas sobre el tiempo que tomará alcanzar tu meta y qué tan difícil será el camino.

- Encontrar formas precisas de medir tu progreso.

- Celebrar los sucesos importantes en tu camino.

- Lidiar con los sentimientos negativos en forma saludable.

- Desarrollar un plan que te ayude a resistir la tentación.

- Acoplarte a un ritmo adecuado para las carreras largas.

NO ES ÚTIL

- Esperar resultados instantáneos.

- Creer que si las cosas no mejoran pronto, no estás logrando nada.

- Esperar hasta el final del camino para celebrar.

- Dejar que la frustración y la impaciencia afecten tu comportamiento.

- Predecir que tendrás suficiente fuerza de voluntad para resistir a todas las tentaciones.

- Buscar atajos que eviten el esfuerzo que necesitas para alcanzar tu meta.

MANTENER LA FORTALEZA MENTAL

Aumentar tu fortaleza mental no sólo se trata de leer este libro o decir que eres fuerte. Más bien, significa incorporar estrategias en tu vida que te ayudarán a alcanzar todo tu potencial. Así como debes entrenar para tener fortaleza física, la fortaleza mental necesita que les des un mantenimiento constante. Y siempre hay oportunidad para mejorar. Si no fortaleces tus músculos mentales se atrofiarán.

Nadie es inmune a cometer errores y tener días malos. Habrá veces en las que tus emociones saquen lo mejor de ti, veces en las que creerás pensamientos que no son ciertos y veces en las que te engancharás en comportamientos autodestructivos o improductivos. Pero cuando trabajes de manera activa para aumentar tu fortaleza mental esas emociones, pensamientos y comportamientos se irán reduciendo cada vez más.

SÉ TU PROPIO ENTRENADOR

Los buenos entrenadores te dan una combinación de apoyo y consejo para ayudarte a mejorar. Prepárate a hacer lo mismo contigo. Fíjate en lo que estás haciendo bien y construye sobre tus fortalezas. Identifica las áreas que necesitas mejorar y rétate a lograrlo. Genera oportunidades de crecimiento, pero entiende que nunca serás perfecto. Trata de mejorar un poco cada día siguiendo estos tres pasos:

1. Monitorea tu comportamiento. Pon atención a los momentos en que tu comportamiento sabotea los esfuerzos para construir tu fortaleza mental. Por ejemplo, cuando repites los mismos errores, evitas el cambio o te rindes tras un fracaso. Luego identifica estrategias que te ayuden a comportarte de manera más productiva.

2. Regula tus emociones. Ten cuidado de las veces en que te autocompadeces, temes arriesgarte, sientes que el mundo te debe algo, temes a la soledad, te duele el éxito de los demás o te preocupas por complacer a todos. No permitas que este tipo de sentimientos eviten que alcances todo tu potencial. Recuerda, si quieres cambiar cómo te sientes, tienes que cambiar cómo piensas y la manera en que te comportas.

3. Reflexiona sobre tus pensamientos. Evaluar tus pensamientos implica esfuerzo y energía extras. Pero las creencias demasiado positivas o negativas influirán en cómo te sientes y comportas. Además, pueden interferir en el objetivo de aumentar tu fortaleza mental.

4. Examina si tus pensamientos son realistas antes de determinar el rumbo o la acción para que puedas tomar la mejor decisión. Identifica las creencias y los pensamientos que te frenan, por ejemplo: regalar tu poder, gastar energía concentrándote en lo que no puedes controlar, vivir en el pasado o esperar resultados inmediatos. Reemplázalos con pensamientos más realistas y productivos.

Al igual que un buen *coach* te anima a llevar un estilo de vida saludable fuera del gimnasio, ser un buen autoentrenador significa que deberás crear un estilo de vida que contribuya a construir tu fortaleza mental. Es imposible hacerlo si no te cuidas de manera física. Comer y dormir mal dificultan el manejo de las emociones, los pensamientos claros y los comportamientos productivos. Así que da los pasos necesarios para asegurar que estás creando un ambiente que te ayudará a tener éxito.

Aunque adquirir fortaleza mental es un viaje personal, no tienes que estar solo por completo. Es difícil sacar lo mejor de ti sin ayuda de los demás. Pide apoyo cuando lo necesites y rodéate de gente servicial y comprensiva. A veces, los demás pueden darte consejos y estrategias de lo que les sirve para aplicarlas a tu vida. Si descubres que tu familia y amigos no te dan el tipo de apoyo que necesitas, busca ayuda profesional. Un terapeuta puede auxiliarte con tus esfuerzos de crear un cambio.

Conforme aumente tu fortaleza mental, te volverás más consciente de que no todo el mundo está tan interesado en incrementar la suya. Obvio, no puedes obligar a nadie para que cambie su vida, eso depende de cada persona. Pero en vez de quejarte de la gente que no es mentalmente fuerte, comprométete a ser un ejemplo saludable para los demás. Enseña a tus hijos cómo tener fortaleza mental porque estas habilidades no se aprenden en el mundo exterior. Si trabajas y te esfuerzas por ser mejor, la gente a tu alrededor, incluyendo a tus niños, lo notarán.

COSECHA LOS FRUTOS QUE SEMBRASTE

Lawrence Lemieux es un deportista que aprendió a navegar desde niño y compitió en dos Juegos Olímpicos. En 1970 se enamoró de las regatas (carreras) individuales. Trabajó mucho para mejorar sus habilidades y empezar a competir de manera profesional. En 1998 viajó a Corea del Sur para participar en los Juegos Olímpicos de Seúl, donde la oportunidad de ganar una medalla era bastante prometedora.

El día de la regata, las condiciones climáticas eran poco favorables. Fuertes vientos combinados con rápidas corrientes marítimas generaron olas demasiado grandes. A pesar de los retos, Lemieux tomó la delantera. Pero las olas de dos metros y medio de altura imposibilitaban ver las boyas fluorescentes que delimitaban la trayectoria de la competencia y perdió uno de los marcadores. Tuvo que regresar a esa boya antes de retomar su lugar en la regata. A pesar de este retraso, consiguió mantenerse en segundo lugar y todavía tenía buenas posibilidades de obtener una medalla.

Pero como seguía atrás, vio que el velero de equipo de Singapur se había volteado. Un hombre estaba herido de gravedad y se mantenía cerca del casco, pero el otro fue arrastrado lejos del velero. Dadas las condiciones del mar, Lemieux supo que ese hombre podría irse a la deriva antes de que un bote salvavidas lo rescatara. A pesar de décadas de entrenamiento para lograr su única meta. Lemieux dejó todo en un segundo. Sin dudar, giró su velero, rescató a los competidores de Singapur y esperó con ellos hasta que los recogiera un barco coreano.

Lemieux regresó a la carrera, pero ya era demasiado tarde para ganar una medalla. Terminó en el lugar número veintidós. En la premiación, el presidente del Comité Olímpico Internacional le entregó la medalla Pierre de Coubertin por su espíritu deportivo, su autosacrificio y su valor.

Es evidente que la autoestima de Lemieux no dependía del hecho de ganar una medalla de oro para sentirse triunfador. No sentía como si el mundo (o los Juegos Olímpicos) le debieran algo. Más bien, tenía la fortaleza mental suficiente para vivir de acuerdo con sus valores y hacer lo que sentía que era correcto, incluso si eso significaba no ser capaz de alcanzar su meta original.

Desarrollar la fortaleza mental no significa ser el mejor en todo. Tampoco se trata de ganar mucho dinero o lograr los reconocimientos más importantes. En realidad, significa saber que estarás bien no importa lo que pase. Ya sea que estés enfrentando un serio problema personal, una crisis financiera o una tragedia familiar, cuando eres mentalmente fuerte estás mejor preparado para cualquier circunstancia que se te presente. No sólo estarás listo para lidiar con las realidades de la vida, también serás capaz de vivir de acuerdo con tus valores sin importar lo que se te ponga en el camino.

Cuando te vuelvas mentalmente fuerte, serás una versión mejorada de ti. Tendrás el valor para hacer lo correcto y en verdad te sentirás cómodo por quien eres y por lo que puedes lograr.

REFERENCIAS

CAPÍTULO 1

DENTON, Jeremiah. *When Hell Was in Session*. Washington, WND Books, 2009.

EMMONS, Robert y Michael McCullough. "Counting Blessing Versus Burdens: An Experimental Investigation of Gratitude and Subjective Well-Being in Daily Life", en *Journal of Personality and Social Psychology*, 84, núm. 2 (2003), pp. 377-389. Nota: El *Journal of Personality and Social Psychology (Revista de psicología social y de la personalidad)* es una revista científica publicada por la American Psychology Association, APA (Asociación Estadounidense de Psicología).

MILANOVIC, Branko. *Los que tienen y los que no tienen*. Madrid, Alianza Editorial, 2012.

RUNYAN, Marla. *Sin línea de meta: La valiente autobiografía de la primera atleta ciega que compitió en los Juegos Olímpicos.* RBA Libros, 2003.

STOBER, J. "Self-pity: Exploring the Links to Personality, Control Beliefs, and Anger", en *Journal of Personality.* núm. 71 (2003), pp. 183-221.

Programa de las Naciones Unidas para el Desarrollo. El Informe sobre Desarrollo Humano 2013: "El ascenso del Sur: progreso humano en un mundo diverso". Recurso electrónico: http://www.undp.org/content/undp/es/home/librarypage/hdr/human-development-report-2013.html.

CAPÍTULO 2

ARNOLD, Johann, Christoph. *Why Forgive?* Walden, Plough Publishing House, 2014.

CARSON, J., F. Keefe, V. Goli, A. Fras, T. Lynch, S. Thorp y J. Buechler. "Forgiveness and Chronic Low Back Pain: A Preliminary Study Examining the Relationship of Forgiveness to Pain, Anger, and Psychological Distress" en *Journal of Pain,* núm. 6 (2005), pp. 84-91.

KELLEY, Kitty. *Oprah, la biografía: La verdadera historia de una de las mujeres más poderosas del mundo.* Barcelona, Urano, 2011.

LAWLER, K. A., J. W. Yoounger, R. L. Piferi, E. Billington, R. Jobe, K. Edmondson *et al.* "A Change of Heart: Cardiovascular Correlates of Forgiveness in Response to Interpersonal Conflict", en *Journal of Behavioral Medicine,* núm. 26 (2003), pp. 373-393.

MOSS, Corey. "Letter Saying Madonna 'Not Ready' for Superstardom for Sale", MTV, 17 de julio de 2001. Recurso electrónico: http://www.mtv.com/news/1445215/letter-saying-madonna-not-ready-for-superstardom-for-sale/.

Ng, David. "MoMA Owns Up to Warhol Rejection Letter from 1956", en *LA Times,* 29 de octubre de 2009. Recurso electrónico: http://latimesblogs.latimes.com. culturemonster /2009/10/moma-owns-up-to-warhol-rejection-letter-from-1956.html.

TOUSSAINT, L. L., A. D. Owen y A. Cheadle. "Forgive to Live: Forgiveness, Healt and Longevity", en *Journal of Behavioral Medicine,* 35, núm. 4 (2012), pp. 357-386.

CAPÍTULO 3

LALLY, P., C.H.M. van Jaarsveld, H.W. W. Potts y J. Wardle. "How Are Habits Formed: Modelling Habit Formation in the Real World", en *European Journal of Social Psychology,* núm. 40 (2010), pp. 998-1009.

MATHIS, Greg y Blair S. Walker. *Inner City Miracle.* Nueva York, Ballantine, 2012.

PROCHASKA, J. O., C. C. DiClemente y C. Norcross. "In Search of How People Change:Applications to Addictive Behaviors", en *American Psychologist,* núm. 47 (1992), pp. 1102-1114.

CAPÍTULO 4

APRIL, K., B. Dharani y B. K. G. Peters. "Leader Career Success and Locus of Control Expectancy", en *Academy of Taiwan Business Management Review*, 7, núm. 3 (2011), pp. 28-40.

APRIL, K., B. Dharani y B. K. G. Peters. "Impact of Locus of Control Expentancy on Level of Well-Being", en *Review of European Studies*, 4, núm- 2 (2012), pp. 124-137.

KRAUSE, Neal y Sheldon Stryker. "Stress and Well-Being: The Buffering Role of Locus of Control Beliefs", en *Social Science and Medicine*, 18, núm. 9 (1984), pp. 783-790.

SCRIVENER, Leslie, *Terry Fox: His Story*. Toronto, McClelland y Stewart, 2000.

STOCKS, A., K. A. April y N. Lynton. "Locus of Control and Subjective Well-Being: A Cross-Cultural Study in China and Southern Africa", en *Problems and Perspectives in Management*, 10, núm. 1 (2012), pp. 17-25.

CAPÍTULO 5

EXLINE, J. J., A. L. Zell, E. Bratslavsky, Mhamilton y A. Swenson. "People-Pleasing Through Eating: Sociotropy Predicts Greater Eating in Response to Perceived Social Pressure", en *Journal of Social and Clinical Psychology*, núm. 31 (2012), pp. 169-193.

"Jim Buckmaster", en Craiglist, 12 de agosto de 2014. Recurso electrónico: http://www.craiglist.org/about/jim_buckmaster.

MURAVEN, M., M. Gagne y H. Rosman. "Helpful Self-Control: Autonomy Support, Vitality, and Depletion", en *Journal of Experimental Social Psychology,* núm. 44 (2008), pp. 573-585.

WARE, Bronnie. *Los cinco mandamientos para tener una vida plena.* Barcelona, Debolsillo, 2013.

CAPÍTULO 6

"Albert Ellis and Rational Emotive Behavior Therapy", en REBT Network, 16 de mayo de 2014. Recurso electrónico: http://www.rebnetwork.org/ask/may06.html.

BRANSON, Richard. "Richard Branson on Taking Risks", en *Entrepreneur,* 10 de junio de 2013. Recurso electrónico http://www.entrepreneur.com/article/226942.

HARRIS, A. J. L., y U. Hahn. "Unrealistic Optimism About Future Life Events: A Cautionary Note", en *Psychological Review,* núm. 118 (2011), pp. 135-154.

KASPERSON, R., O. Renn, P. Slovic, H. Brown y J. Emel. "Social Amplification of Risk: A Conceptual Framework", en *Risk Analysis,* 8, núm. 2 (1988), pp. 177-187.

KRAMER, T. y L. Block. "Conscious and Non-Conscious Components of Superstitious Belief in Jugdment and Decision Making", en *Journal of Consumer Research,* núm. 34 (2008), pp. 783-793.

"Newborns Expose to Dirt, Dander and Germs May have Lower Allergy and Asma Risk", en *Johns Hopkins Medicine,* 25 de septiembre de 2014. Recurso electrónico:

http://www.hopkinsmedicine.org/news/media/releases/ newborns_expose_to_dirt_dander_and_germs_may_ have_lower_allergy_and_asma_risk.

RASTORFER, Darl. *Six Bridges: The Legacy of Othmar H. Ammann*. New Heaven, Yale University Press, 2000.

ROPEIK, David. "How Risky is Flying?", en PBS, 17 de octubre de 2006. Recurso electrónico: http://www.pbs. org/wgbh/nova/space/how-risky-is-flying.html.

THOMPSON, Suzanne C. "Illusions of Control: How We Overestimate Our Personal Influence", en *Currents Directions in Psychological Science*, núm. 6 (1999), pp. 187-190.

THOMPSON, Suzanne C., Wade Amstrong y Craig Thomas. "Illusions of Control, Underestimations, and Accuracy: A Control Heuristic Explanation", en *Psychological Bulletin*, 123, núm. 2 (1998), pp. 143-161.

TRIMPOP, R. M. *The Psychology of Risk Taking Behavior (Advances in Psychology)*. Amsterdam, North Holland, 1994.

YIP, J. A. y S. Cote. "The Emotionally Intelligent Decision Maker: Emotion-Undertanding Ability Reduces the Effect on Incidental Anxiety on Risk Taking", en *Psychological Science*, núm. 24 (2013), pp. 48-55.

CAPÍTULO 7

BIRKIN, Andrew. *J. M. Barrie and the Lost Boys: The Real Story Behind Peter Pan*. Hartford, Yale University Press, 2003.

BROWN, Allie. "From Sex Abuse Victim to Legal Advocate", en CNN, 7 de enero de 2010. Recurso electrónico: http://www.cnn.com/2010/LIVING/01/07/cnnheroes.ward/.

DENKOVA, E., S. Dolcos y F. Dolcos. "Neural Correlates of 'Distracting' from Emotion During Autobiographical Recollection", en *Social Cognitive and Affective Neuroscience*, 9, núm. 4 (2014), doi:10.1093/scan/nsu039.

"Dwelling on Stressful Events Can Cause Inflammation in the Body, Study Finds", en Ohio University . 13 de marzo de 2013. Recurso electrónico: http://www.ohio.edu/research/ communications/zoccola.cfm.

KINDERMAN, P., M. Schwannauer, E. Pontin y S. Tai. "Psychological Processes Mediate the Impact of Familial Risk, Social Circumstances and Life Events on Mental Health", en *PLoS ONE,* 8, núm. 10 (2013), e76564.

WATKINS, E. R. "Constructive and Unconstructive Repetitive Thought", en *Psychological Bulletin* 134. núm. 2 (2008), pp. 163-206.

CAPÍTULO 8

ARIELY, D. y K. Wertenbroch. "Procrastination, Deadlines, and Performance: Self-Control by Precommitmenent", *Psychological Science,* 13, núm. 3 (2002), pp. 219-224.

D'ANTONIO, Michael. *Hershey: Milton S. Hershe'y Extraordinary Life of Wealth, Empire, and Utopian Dreams*. Nueva York, Simon and Schuster, 2006.

GRIPPO, Robert. *Macy's: The Store, The Star, The Story.* Garden City Park, Square One Publishers, 2008.

HASSIN, Ran, Kevin Ochner y Yaacov Trope. *Self Control in Society, Mind, and Brain.* Nueva York, Oxford University Press, 2010.

HAYS, M. J., N. Kornell y R.A. Bjork. "When and Why a Failed Test Potentiates the Effectiviness of Subsequent Study", en *Journal of Experimental Psychology: Learning, Memory, and Cognition,* 39, núm. 1, (2012), pp. 290-296.

MOSER, Jason, Hans Schroder, Carrie Heeter, Tim Moran y Yu-Hao Lee. "Mind your Errors. Evidence for a Neural Mechanism Linking Growth Mind-Set to Adaptive Posterror Adjustments", en *Psychological Science,* 22, núm. 12 (2011), pp. 1484-1489.

TROPE, Yaacov y Ayelete Fishbach. "Counteractive Self-Control in Overcoming Temptation", en *Journal of Personality and Social Psychology,* 79, núm. 4 (2000), pp. 493-506.

CAPÍTULO 9

BERNSTEIN, Ross. *America's Coach: Life Lessons and Wisdom for Gold Medal Sucess: A Biographical Journey of the Late Hockey Icon Herb Brooks.* Eagan, MN, Bernstein Books, 2006.

CHOU, H. T. G. y N. Edge. "They Are Happier and Having Better Lives than I Am: The Impact of Using Facebook on Perceptions of Others' Lives", en *Cyberpsychology,*

Behavior, and Social Networking, 15, núm. 2 (2012), p. 117.

CIKARA, Mina y Susan Fiske. "Their Pain, Our Pleasure: Stereotype Content and Shadenfreude", en *Sociability, Responsability, and Criminality: From Lab to Law,* 1299 (2013), pp. 52-59.

"Hershey's Story", en The Hershey Company, 2 de junio de 2014. Recurso electrónico: http://www.thehersheycompany.com/about-hershey/our-story/hersheys-history.aspx.

KRASNOVA, H., H. Wenninger, T. Widjaja, y P. Buxmann. "Envy on Facebook: A Hiden Threat to Users' Life Satisfaction?", en Décimoprimera Conferencia Internacional de Wirtschaftsinformatik (WI), Leipzig, Alemania, 2013.

"Reese's Peanut Butter Cups". en *Hershey Community, Archives.* 2 de junio de 2014. Recurso electrónico: http://www. hersheyarchives.org/essay/details.aspx?EssayId=29.

CAPÍTULO 10

BARRIER, Michael. *The Animated Man: A Life of Walt Disney.* Oakland, CA, University of California Press, 2008.

BREINES, Juliana y Serena Chen. "Self-Compassion Increases Self-Improvement Motivation", en *Personality and Social Psychology Bulletin,* 38, núm. 9 (2012), pp. 1133-1143.

DWECK, C. "Self-Theories: Their Role in Motivation, Personality and Development", en Philadelphia, Psychology Press, 2000.

MUELLER, Claudia y Carol Dweck. "Praise for Intelligence Can Undermine Children's Motivation and Performance", en *Journal of Personality and Social Psychology*, 75, núm. 1 (1998), pp. 33-52.

PEASE, Donald. *Theodor SUESS Geisel (Lives and Legacies Series)*. Nueva York, NY, Oxford University Press, 2010.

ROLT-WHEELER, Francis. *Thomas Alva Edison*. Ulan Press, 2012.

"Wally Amos", en Bio, 1º de junio de 2014. Recurso electrónico: http://www. biography.com/people/wally-amos-9542382#awesm=oHt3n9O15sGvOD.

CAPÍTULO 11

DOANE, L. D. y E. K. Adam. "Loneliness and Cortisol: Momentaty, Day-to-Day, and Trait Associations", en *Psychoneuroendocrinology*, 35, núm. 3 (2010), pp. 430-441.

DUGOSH, K. L., P. B. Paulus, E. J. Roland *et al*. Department of Psychology, University of Texas at Arlington. "Cognitive Stimulation in Brainstorming", en *Journal of Personality and Social Psychology*, 79, núm. 5 (2000), pp. 722-735.

HARRIS, Dan. *10% más feliz*. Madrid, Anaya Multimedia, 2014.

HOF, Wim y Justin Rosales. *Becomig the Iceman*. Minneapolis, Mill City Press, 2011.

KABAT-ZINN, Jon y Thich Nhat Hanh. *Full Catastrophe Living (Revised Edition): Using the Wisdom of your Body and Mind to Face Stress, Pain and Illness.* Nueva York, Bantam, 2013.

LARSON, R. W. "The Emergence of Solitude as Constructive Domain of Experience in Early Adolescence", en *Child Development,* núm. 68 (1997), pp. 80-93.

LONG, C. R. y J. R. Averill. "Solitude: An Exploration of the Benefits of Being Alone", en *Journal for the Theory of Social Behaviour,* núm. 33 (2003), pp. 21-44.

MANALASTAS, Erick. "The Exercise to Teach the Psychological Benefits of Solitude: The date with the Self", en *Philippine Journal of Psychology,* 44, núm. 1 (2010), pp. 94-106.

CAPÍTULO 12

CROSS, P. "Not Can but Will College Teachers Be Improved?", en *New Directions for Higher Education,* núm. 17 (1977), pp. 1-15.

SMITH, Maureen Margaret. *Wilma Rudolph: A Biography.* Westport, Greenwood, 2006.

TWENGE, Jean. *Generation Me: Why Today's Young Americans Are More Confident, Assertive, Entitled-and More Miserable Than ever Before.* Nueva York, Atria Books, 2014.

TWENGE, Jean y Keith Campbell. *The Narcissism Epidemic: Living in the Age of entitlement.* Nueva York, Atria Books, 2009.

ZUCKERMA, Esra W. y John T.Jost. "It's Academic", en *Stanford GSB Reporter,* 24 de abril de 2000, pp. 14-15.

CAPÍTULO 13

DUCKWORTH, A. y M. Seligman. "Self-Discipline Outdoes IQ in Predicting Academic Performance in Adolescents", en *Psychological Science,* núm. 16 (2005), pp. 939-944.

DYSON, James. *Against the Odds: An Autobiography.* Nueva York, Texere, 2000.

GOLDBECK, R., P. Myatt y T. Aitchison. "End-of.Treatment Self-Efficacy: A Predictor of Abstinence", en *Addiction,* núm. 92 (1997), pp. 313-324.

MARLATT, G. A. y B. E. Kaplan. "Self-Initiated Attemps to Change Behavior: Astudy of New Year's Resolutions", en *Psychological Reports,* núm. 30 (1972), pp. 123-131.

MOFFITT, T. *et al.* "A Gradient of Childhood Self-Control Predicts Health, Wealth, and Public Safety", en *Proceedings of the National Academy of Sciences,* núm. 108 (2011) pp. 2693-2698.

MOJTABAI, R. "Clinician-Identified Depression in Community Settings: Concordance with Structures-Interview Diagnoses", en *Psychotherapy and Psychosomatics,* 82, núm. 3 (2013), pp. 161-169.

NORCROSS, J. C., A. C. Ratzin y D. Payne. "Ringing in the New Year: The Change Processes and Reported Outcomes of Resolutions", en *Addictive Behaviors,* núm. 14 (1989), pp. 205-212.

POLIVY, J. y C. P. Herman. "If at First You Don't Succeed. False Hopes of Self-Change", en *The American Psychologist,* 57, núm. 9 (2002), pp. 677-689.

"Ramesh Sitaraman's Research Shows How Poor Online Video Quality Impacts Viewers", en UMassAmherst, 4 de febrero de 2013. Recurso electrónico: https://www.cs.umass.edu/news/latest-news/research-online-videos.

RUETTIGER, Rudy y Mark Dagostino. *Rudy: My Story.* Nashville, Thomas Nelson, 2012.

TANGNEY, J., R. Baumeister y A. L. Boone "High Self-Control Predicts Good Adjustment, Less Pathology, Better Grades and Interpersonal Success", en *Journal of Personality,* núm. 72 (2004), pp. 271-324.

"2014 Retirement Confidence Survey", en *EBRI*, marzo de 2014. Recurso electrónico: https://www.ebri.org/pdf/briefspdf/EBRI_IB_397_Mar14.RCS.pdf.

VARDI, Nathan. "Rudy Ruettiger: I Shouldn't Have Been Chasing the Money", en *Forbes,* 11 de junio de 2012. Recurso electrónico: https://www.forbes.com/sites/nathanvardi/2012/06/11/rudy-ruettiger-i-shouldnt-have-been-chasing-the-money/.

AGRADECIMIENTOS

Hay mucha gente que me ayudó en la creación de este libro.

Me gustaría empezar por agradecer a Cheryl Snapp Conner, ya que fue la pieza fundamental que me ayudó a correr la voz de la fortaleza mental. Es probable que su disposición a compartir mis palabras llamara la atención de mi increíble agente Stacey Glick. Stacey creyó en este proyecto desde el principio y estoy muy agradecida por su ayuda a través de este proceso.

Quiero agradecer a mi editora Amy Bendell y a su asistente Paige Hazzan por sus sabias contribuciones y sugerencias de estilo.

Muchas gracias a los amigos y conocidos que me permitieron entrevistarlos y compartir sus historias personales: Alicia Theriault, Heather Von St. James, Mary Deming, Mose Gingerich, Peter Bookman y Lindsey Turner.

También quiero agradecer a mi familia y amigos que siempre me apoyaron. En especial a mis amigas de toda la vida Melissa Shim, Alyson Saunders y Emily Morrison, quienes me alentaron a compartir mi historia. Además, aprecio mucho los conocimientos de estilo y la ayuda editorial que me brindó Emily. También estoy agradecida con mis compañeros de Health Access Network por apoyar mi esfuerzo.

Quiero agradecer a mi esposo Stephen Hasty, la persona más paciente que conozco, por todo lo que hizo para que este libro se convirtiera en realidad. Y, por último, gracias a mis padres Richard y Cindy Hunt, a mi hermana Kimberly House y a todos los otros ejemplos pasados y presentes de las personas que me inspiran a querer ser mejor cada día.

13 cosas que las personas mentalmente fuertes no hacen de Amy Morin
se terminó de imprimir en mayo de 2016
en los talleres de
Litográfica Ingramex, S.A. de C.V.
Centeno 162-1, Col. Granjas Esmeralda, C.P. 09810, México D.F.